EL LARGO VIAJE HACIA UN FUTURO SOSTENIBLE

MAURICIO ESPALIAT CANU

© 2020 Mauricio Espaliat Canu
ISBN 9798635632291
Reservados todos los derechos
Impreso en Kindle Direct Publishing – Amazon.com

La mejor manera de predecir el futuro es creándolo

Peter Drucker

INDICE

A modo de declaración de Intenciones   11

1- El Contexto Geopolítico, Económico y Social de la era Global   21

2- Recursos, ambiente y desarrollo sostenible   35

- Crónica de un Despilfarro   41
- Hacia un Futuro Sostenible   45

3- Sostenibilidad, Reto y Objetivo para el mundo Globalizado   51

- Sostenibilidad y Modelos de Producción y Consumo   57
- Sostenibilidad, Medio Ambiente y Buenas Intenciones   60

4- Herramientas y Requisitos para alcanzar la Sostenibilidad   65

Herramientas de la Sostenibilidad   69

1. Economía Circular   69
2. Modelos responsables de Producción y Consumo   91
3. Digitalización y "Big Data"   94
4. Industria 4.0   97
5. Ecoinnovación – Ecodiseño   101
6. Economía Colaborativa   104
7. Servitización   106
8. El concepto "Smart"   107

Requisitos para alcanzar un Mundo Sostenible   128

1. Estímulos para la Actividad Empresarial   128
2. Formación – Difusión   129
3. Gobernanza y Liderazgo   137
4. Proyección Transversal y Multisectorial   144
5. Prevención Integral y Seguridad   145
6. Ética y responsabilidad Ambiental   154
7. Conciliación Intergeneracional   162

5- **Areas y Sectores clave para la estabilidad del Mundo Global**   **167**

- Entorno Urbano y Edificios   170
- Sector Agroalimentario y Forestal   191
- Recursos Hídricos   204
- Energía   209
- Residuos   212
- Sector Salud   221
- Ocio y Turismo   229

6- **Mitos y Realidades en torno a la Crisis Climática**   **239**

- El Cambio Climático a lo largo de la Historia   242
- Industrialización y Calentamiento Global   245
- Urbanismo y Calentamiento Global   247
- Consecuencias del Calentamiento Global   249
- Negación y Percepción Marginal de la Crisis Climática   251
- La Acción por el Clima en los Organismos Internacionales   253
- Estrategias y Acciones frente a la Emergencia Climática   265
- La dura Batalla contra los Desastres Naturales   272

7- **El reto de la Transición circular hacia un futuro sostenible**   **279**

- El mundo se enfrenta a importantes Cambios   282
- Incógnitas sobre la "Velocidad" del Cambio   285
- Indicadores del Rendimiento de la Circularidad   288

8- **Información sobre Sostenibilidad, Circularidad y Salud Ambiental**   **299**

Invitación a la Reflexión   **305**

A MODO DE DECLARACION DE INTENCIONES

¿Puede el progreso de la humanidad ser compatible con la sostenibilidad de la tierra?

En un entorno que cuenta con recursos limitados, cuya disponibilidad ha de ser garantizada cimentando una cultura ecológica de dimensión planetaria y solidaria, toda actitud y toda interacción entre el hombre y su entorno de vida debe fundamentarse en la adopción de los principios elementales de la prevención, de la deliberación inteligente y de la sensatez.

Los indicios de antagonismo entre el ser humano y el medio físico son hoy patentes, producto de un modelo de comportamiento egocéntrico con tendencia al dominio absoluto de la naturaleza, desprovisto de la percepción consciente de sus limitaciones, y de las consecuencias de las acciones extractivas y especulativas. Esta realidad ha caracterizado con diversos matices el proceso de desarrollo de las naciones a lo largo de su evolución hacia la consolidación de la cultura de la civilización contemporánea.

La sociedad industrial enfocó su cometido a la "cantidad", a producir bienes y servicios para todos, de acuerdo con una estrategia mercantil basada en la oferta, y no en la demanda genuina de la colectividad. Basó la producción en el modelo de economía lineal, propiciando la explotación desenfrenada de los recursos sin tener en cuenta su carácter finito, y generando residuos y subproductos sin tener en cuenta la posibilidad de reincorporarlos al ciclo productivo como nuevos recursos.

La cantidad tiene dimensión económica, y como tal es fácil de medir, pero es igualmente evidente que la calidad no es fácil de cuantificar, y que solo se aprecia de modo subjetivo e intuitivo. Pero la percepción de la calidad está ganando terreno a la de la cantidad, y es muy probable que en la sociedad del conocimiento este hecho constituya un ingrediente permanente que contribuya a inducir una mejor relación entre el individuo y su entorno vital.

La evolución del mundo contemporáneo hacia la sostenibilidad integral se ve afectada por la gran magnitud y variedad de opciones que surgen como consecuencia del progreso tecnológico, a lo cual es necesario añadir el requisito de adaptar dichas opciones a nuevos modelos de negocio, a nuevos paradigmas de comportamiento social, a diferentes actitudes de consumo, y a nuevos enfoques en las relaciones de la sociedad con el uso y protección de los recursos del planeta. Apostar por la sostenibilidad compromete tanto a gobiernos y administraciones como a las empresas, pero también a la sociedad en general, que debe replantearse sus necesidades genuinas.

De la misma manera, los beneficios de la sostenibilidad alcanzan a todos por la vía de la reducción del uso de recursos y de la generación de residuos, del control del consumo de energía, y de la disminución de los costes de producción de bienes y servicios.

Ante esta realidad, aparece como requisito insoslayable el de gestionar todo este conjunto en sentido transversal, impartiéndole una dimensión global y solidaria. Es en este punto donde adquiere importancia la adopción de estilos de "gobernanza" o de "management" que permitan llevar a buen fin las iniciativas y las acciones dirigidas a alcanzar los objetivos de estabilidad económica y sostenibilidad integral contenidos en los principios de la circularidad. Asumir, y luego poner en práctica este fundamento de gestión, supone igualmente actuar con el máximo de agilidad, de modo que los ciudadanos, las empresas, las administraciones y los gobiernos puedan adoptar comportamientos y actitudes que vayan más allá de la simple sumisión al cambio generado por la evolución rutinaria de las circunstancias.

Tampoco hay que olvidar las lecciones del pasado, aquellas que en determinadas épocas fueron consecuencia de las "burbujas" y las "crisis", producto de no haber orientado y reconducido a tiempo modelos de producción y de comportamiento social amparados por la bonanza coyuntural. En su día, muchos creyeron que el estado de bienestar era algo inamovible, un derecho adquirido y gratuito. Deslumbrados por el éxito que proporcionaron los años de "vacas gordas", políticos, empresas y ciudadanos vivieron en un engañoso "mundo de fantasía", sin aprender las lecciones que permitían intuir los desastres a los que conducen la irresponsabilidad, la pasividad y el conformismo.

La sociedad no puede prosperar sobre la base de aceptar como inamovibles aquellas situaciones que deslumbran ocasionalmente mientras las cosas van bien, sin tomar conciencia de que, por su carácter transitorio, tales escenarios tienen fecha de caducidad y conducen irremediablemente al caos. Para contrarrestar estos hechos circunstanciales, es necesario adoptar y poner en marcha estrategias de gobernanza inteligentes y consecuentes con el entorno de volatilidad e incertidumbre característico del mundo contemporáneo. Esta realidad obliga a adoptar medidas preventivas y correctoras ajustadas a la necesidad de reconducir el modelo vigente hacia objetivos alejados del derroche y de la especulación, para así generar una conciencia colectiva acorde con estos principios.

En este orden de cosas, tomar decisiones, estimular e implantar el cambio, y dirigirlo con audacia y energía, no son tareas fáciles. La incertidumbre y la inestabilidad geopolítica que planean sobre todo el planeta tienden a perpetuar los conflictos de intereses y a bloquear la acción constructiva, confinándola en el espacio de los buenos propósitos, y dificultando en consecuencia la transición ordenada hacia la adopción de actitudes que apuesten por la sostenibilidad.

La percepción de la problemática del medio humano, que con frecuencia genera expresiones contestatarias y reivindicativas de diversa índole y trascendencia, constituye un hecho positivo, que confirma el actual aumento de la sensibilidad de la sociedad civil en relación con los problemas mundiales. De hecho, a lo largo de los últimos tiempos se habla mucho sobre conceptos de implicación ambiental que apuntan siempre a la misma conclusión: la necesidad de actuar apropiadamente para recuperar una relación sostenida entre el hombre y su entorno natural.

El enfrentamiento entre el ser humano y el medio físico es consecuencia de comportamientos egocéntricos, atávicos y egoístas, que incitan al ser humano al dominio absoluto de su sustrato vital. Esta actitud le impide percibir de manera consciente las limitaciones y las consecuencias que pueden acarrearle aquellas acciones motivadas por su ambición desenfrenada por extraer recursos de la tierra y disponer de ellos con intenciones derrochadoras.

La acción ambiental implica necesariamente el replanteamiento de principios que permitan repensar, sin olvidar sus lecciones, una historia marcada por la distorsión sistemática de los valores más esenciales de la humanidad, y sustituirla por una trayectoria que recupere la armonía de la relación entre el hombre y la tierra, basando la maniobra en la ética de la solidaridad y de la paz. La reacción indiferente y conformista de la sociedad frente a los problemas que afectan al mundo es insuficiente, si no se traduce en la participación proactiva y responsable de todos los integrantes de la colectividad en una acción concreta.

Sólo esta vía aportará soluciones efectivas, e invitará a asumir el grado de compromiso que se requiere para hacer frente al problema con visión y rigor. La comprensión inteligente del mundo desde una perspectiva solidaria y humanista es la que ha de permitir a todos los miembros de la sociedad asumir sus responsabilidades como un compromiso moral ineludible, base esencial para cualquier acción que se deba llevar a cabo mediante la práctica política, técnica y legislativa.

Buena parte de la acción para proteger, corregir y mejorar las condiciones del medio físico puede basarse en la utilización racional de la ciencia y de la tecnología, inclusive, de la misma que secularmente contribuyó a crear el problema por su mal uso y enfoque. No obstante, a pesar de la validez de esta aseveración, se debe además pensar en tecnologías y procedimientos más audaces e imaginativos si se ambiciona obtener resultados susceptibles de ser consolidados dentro de una perspectiva a largo plazo. No se debe esperar pasivamente que soluciones que ya han demostrado su eficacia, tales como la digitalización, las técnicas de prospección y gestión espacial de recursos, y los avanzados sistemas de producción de energías renovables, serán las que por sí mismas resolverán todo el problema. Sin negar que éstas constituyen valiosas alternativas, el ejercicio del pensamiento crítico, de la imaginación y de la innovación ha de ser asumido como un desafío de obligado cumplimiento.

La creatividad y el ingenio del ser humano han de ponerse a disposición de la generación de alternativas "revolucionarias" que permitan hacer frente a los problemas que afectan al mundo con objetividad y visión a la vez. De allí la importancia de la investigación, de la formación y de la educación de la sociedad sobre aspectos relacionados con el entorno humano, así como sobre el papel destacado que en este sentido han de desempeñar, cada día con mayor rigor, objetividad y responsabilidad, los medios de comunicación e información, huyendo del sensacionalismo, para permitir al ser humano abordar integralmente un tema polifacético, en el cual intervienen diversos actores, y donde las connotaciones son tan variadas como complejas.

El reto de lograr la sostenibilidad integral del planeta es ineludible, y es necesario afrontarlo con valentía, pero el camino que conduce a superarlo no es fácil de recorrer. El escenario geopolítico contemporáneo es volátil, incierto y complejo, marcado por tensiones y conflictos de intereses de diversa naturaleza que generan alarma social y llevan a la confusión y al desánimo. Además, frente a esta realidad, la situación se complica aún más por las dificultades que surgen a la hora de establecer "geoestrategias" claras y definidas en materia de sostenibilidad.

Apostar por la sostenibilidad adquiere en este contexto una importancia relevante, sobre todo en momentos en que la gran mayoría de países ha llegado al consenso de reconocer la inestabilidad del planeta como una de las mayores amenazas que debe hoy afrontar la humanidad, sin olvidar las otras crisis que afectan crónicamente al mundo contemporáneo: crisis económica, crisis de identidad nacional, crisis del sistema político y democrático, de convivencia, de confusión y de desigualdad social, todas ellas generadoras de estados de tensión que son amplificados por la rapidez con que avanza la tecnología y la información que genera, agobiando a los ciudadanos que se ven imposibilitados de discernirla y asimilarla con fines productivos.

Para cambiar los hábitos de producción y consumo que durante años han conducido al derroche, a la especulación y al despilfarro, por nuevos modelos de comportamiento ajustados al cambio de paradigmas que exige este reto, es indispensable asumir esquemas disruptivos y transgresores que muchas veces obligan a abandonar los "nichos de confort" en los cuales el ser humano se ha acomodado pensando que las épocas de bonanza durarán eternamente.

Por tal motivo, los nuevos planteamientos no conducirán a nada si no son acompañados del ejercicio transversal y responsable de una gobernanza y de un liderazgo que orienten la acción de modo constructivo.

1

EL CONTEXTO GEOPOLITICO, ECONOMICO Y SOCIAL DE LA ERA GLOBAL

El mundo se enfrenta a un escenario en el cual la sobreexplotación de los recursos ha llevado a comprometer el aseguramiento de su disponibilidad para el desarrollo de las actividades sujetas a su uso a lo largo del tiempo. Esta situación ha generado impactos que pueden llegar a amenazar la seguridad de la sociedad y la sostenibilidad del planeta.
Se ha de reconducir el modelo económico vigente hacia un enfoque responsable e inteligente de rechazo a la cultura del despilfarro y de la Especulación.

Cuando en los años setenta del pasado siglo se publicó el estudio "Los límites al crecimiento", se puso de relieve la necesidad de modificar las tendencias del desarrollo, y de establecer las condiciones para vivir en un planeta estable y respetuoso con el medio ambiente. La creciente complejidad y volatilidad del actual marco socioeconómico, la globalización y la interdependencia de los sistemas, refuerzan hoy en día la necesidad de promover el desarrollo sostenible como respuesta a este desafío.

La situación del entorno geopolítico mundial no es precisamente la que sería deseable para propiciar el alcance de la sostenibilidad integral en todo el planeta. Parte de la sociedad contemporánea avanza por inercia, enfebrecida, desquiciada, desorientada y confusa, buscando nuevos modelos de vida y desempeño laboral en los cuales pueda refugiarse con seguridad, y dejar de lado unos esquemas que la encierran en la frustración y el desencanto. Ha perdido la confianza en los sistemas políticos tradicionales y en quienes los lideran, observando con preocupación la emergencia de movimientos populistas que a menudo carecen de objetivos definidos, manipulan a la sociedad, tropiezan con las tentaciones de la demagogia, y no ofrecen horizontes que estimulen el entusiasmo y el optimismo, provocando en cambio la reacción violenta de algunas minorías exaltadas contra el sistema imperante.

La sostenibilidad puede transformarse en un objetivo inalcanzable si no se dispone de un caldo de cultivo que propicie una vía que conduzca con seguridad a dicho fin y evite la pérdida de la prosperidad ganada durante los años de bonanza. Es necesario erradicar los conflictos de intereses, la especulación, controlar la desigualdad que afecta de modo crónico a muchos países y regiones, y desterrar la corrupción que ha acompañado y sigue marcando las pautas de comportamiento en algunas esferas del mundo económico, político y social, en un entorno cada vez más globalizado. Es indispensable evitar que cunda la alarma social y el "miedo al futuro" al que han conducido la volatilidad del sistema económico y la inestabilidad del ecosistema social, y afrontar en cambio el reto de implantar un verdadero "contrato social sostenible" basado en modelos de gobernanza y liderazgo que sustituyan aquellos que, con el paso del tiempo y el cambio de las circunstancias, han quedado obsoletos, pero que algunos insisten en mantener vivos para proteger intereses de dudosa integridad moral.

La disputa entre el hombre y la naturaleza se inició probablemente en Asia Menor, hace unos diez mil años. El hombre del neolítico sintió la necesidad de dominar su hábitat en lugar de convivir armoniosamente con él, descubrió el fuego y desencadenó, entre otros fenómenos, el de la erosión del suelo y el de la contaminación del aire, abandonó la vida nómada, destruyó bosques para cultivar la tierra, cazó animales a gran escala, hasta que solamente en el siglo XVII empezó a evaluar los progresos realizados. Esta trayectoria le ha llevado a ser catalogado en la actualidad como el ser viviente más devastador del planeta.

El antagonismo entre el ser humano y el medio físico es producto de un modelo de comportamiento egocéntrico que le ha conducido al dominio absoluto de la naturaleza, sin percibir las consecuencias de esta actitud, ni las limitaciones de los recursos en juego, ni las secuelas derivadas de formas irresponsables marcadas por la explotación desenfrenada y la especulación sin límites. Esta realidad ha sido la que ha configurado el desarrollo de las diferentes naciones del planeta, configurando el patrón tan característico de la civilización contemporánea.

Constatar algunos indicadores de lo que ha sido la evolución de la economía mundial y sus efectos ambientales durante el siglo XX conduce a reflexionar sobre las consecuencias que puede tener el actual modelo de producción y consumo sobre la sostenibilidad del planeta. Durante dicho período:

- La población de la tierra se multiplicó por 4: de 1600 a 6.000 millones de personas.
- La actividad económica se multiplicó por 17.
- La producción industrial, por 40.
- El uso de la energía se multiplicó por 13.
- Las emisiones de CO_2, por 17.
- Las capturas marinas, por 35.
- El número de elefantes cayó bajo mínimos.
- La población de ballenas se redujo en más del 90%.

Más de la mitad de la población mundial reside actualmente en zonas urbanas. Naciones Unidas estima que la población mundial alcanzará los 10.000 millones de personas en el año 2050, fecha en que el porcentaje de habitantes que reside en ciudades ascenderá hasta el 66 %. En ese momento, la demanda de recursos esenciales como el agua y la energía adquirirá dimensiones incompatibles con el actual modelo de producción y consumo, a lo cual se añadirá la necesidad de gestionar la contaminación y las enormes cantidades de residuos urbanos que generará dicha población como consecuencia del consumo. Si el aumento continuo de la urbanización no se afronta con previsión, los costes asociados a muchos servicios urbanos ocasionarán en problemas de suministro y logística, planteando el requisito de asegurar la agilidad, racionalidad y eficacia en la prestación de estos servicios a los ciudadanos.

La preocupación y la sensibilidad de la sociedad en relación con la sostenibilidad generan una creciente demanda de recursos y servicios especializados, pero la economía está atrapada en un sistema en el cual la producción, el consumo y las pautas de comportamiento social favorecen el modelo "lineal". Este bloqueo se está debilitando bajo la presión de diversas tendencias disruptivas, y la percepción de la problemática del medio humano genera expresiones contestatarias y reivindicativas, un hecho que confirma el aumento de la preocupación de la sociedad civil en relación con los problemas que afectan al planeta.

Los recursos en general, sobre todo los naturales y de índole limitada, son cada vez más costosos y escasos, lo cual conduce a la necesidad de gestionarlos con rigor, y de utilizarlos de un modo que permita evitar su despilfarro a lo largo de todo el ciclo productivo. Esta necesidad viene reforzada por las especiales características de la situación de la economía mundial, expuesta a riesgos extremos de inestabilidad, incertidumbre y volatilidad de precios sin precedentes, que exigen optimizar el retorno de las inversiones, y proyectar al máximo la duración del ciclo de vida de los productos. La escasez de los recursos conduce igualmente al incremento de su precio, y pone en riesgo el suministro a las cadenas de producción. El aumento del precio de los recursos puede lastrar el crecimiento económico al incrementar la incertidumbre, desalentar la inversión y elevar el coste de la protección. Por otro lado, muchas regiones del mundo poseen escasas fuentes propias de recursos no renovables y dependen de las importaciones. En ellas, al riesgo de suministro de materias primas propias, se añade la inseguridad de las fuentes de suministro global, cuya complejidad deriva de los confusos términos de intercambio y distribución que rigen el comercio internacional.

Los actuales modelos de producción y consumo generan externalidades negativas, tales como la contaminación del aire, del agua y del suelo, y el incremento de los gases de efecto invernadero, todo lo cual genera el calentamiento global, causante de la crisis climática y del incremento de la frecuencia e intensidad de los desastres naturales, tales como inundaciones y sequías.

Las consecuencias negativas relacionadas con el modelo lineal constituyen un verdadero desafío para la creación de riqueza global a largo plazo. El agotamiento de las reservas de bajo coste y el deterioro del capital natural afectan a la productividad de la economía, a la vez que contribuyen a aumentar la presión ambiental, la pérdida de biodiversidad y de capital natural, la degradación del suelo, y la contaminación del agua en cauces, lagos y océanos.

En otro orden de cosas, el modelo de creación de valor de la economía actual genera una cantidad asombrosa de residuos. El reciclaje y la recuperación de energía basada en residuos aprovechan actualmente solo una reducida parte del valor original de las materias primas, lo cual conduce a que los recursos son empleados con un solo fin específico para luego ser eliminados en forma de despojos. El modo lineal extracción-transformación-uso-eliminación ha de ser sustituido por opciones como las del esquema reducción-reciclaje-reutilización-recuperación, por lo que es necesario adoptar esquemas diferentes de producción y consumo basados en los principios de la circularidad, desterrar la cultura de la especulación y el despilfarro, y modificar las tendencias y características del crecimiento para asegurar el equilibrio socioeconómico y ambiental del planeta.

La complejidad del contexto geopolítico mundial, la globalización, la interdependencia de los sistemas económicos y su impacto social, refuerzan la idea del desarrollo sostenible como respuesta a este desafío. Modificar las tendencias y características del crecimiento constituye un requisito fundamental para establecer las condiciones necesarias para vivir en un planeta más equitativo, estable y respetuoso con el medio ambiente, y para lograr este objetivo es fundamental analizar las posibles vías que permitan provocar el cambio de paradigmas necesario para reconducir el modelo económico vigente, así como reorientar los deficientes hábitos de comportamiento social hacia nuevos esquemas, enfocándolos de modo responsable e inteligente.

Es preciso analizar con objetividad y responsabilidad este escenario, y motivar a ciudadanos, empresas y diferentes estamentos públicos y privados a reflexionar sobre los retos y descubrir las oportunidades que subyacen en la aplicación de los principios conducentes a la sostenibilidad, para lo cual la economía circular ocupa un espacio relevante como herramienta de recuperación y generación de valor. Desarrollar respuestas innovadoras que estimulen cambios transformadores en los modelos de producción y consumo representa una ventaja competitiva de proyección estratégica para quienes apuesten por esta vía.

Mantener niveles de productividad, eficiencia y eficacia en cualquier sector de actividad implica la necesidad de aplicar políticas de mejora continua y de innovación. El rápido avance de la tecnología ofrece a las empresas la posibilidad de ajustar sus métodos y sistemas productivos adoptando las alternativas que resultan de la investigación y de las propuestas innovadoras que aparecen en el mercado. Partiendo de la premisa de que la innovación y el avance de la tecnología han tenido a lo largo del tiempo una influencia notable tanto en la generación como en la corrección de agresiones al medio ambiente, se trata ahora de llevar a cabo un ejercicio de reflexión serio y crítico sobre el papel que el hombre ha desempeñado y debe asumir como protagonista de las actitudes que condicionan de modo irrevocable su propia existencia. Eludir la innovación y mantener modelos desfasados y obsoletos en el contexto global, es una actitud temeraria e incompatible con el concepto de sostenibilidad, que solo conduce a la pérdida de competitividad y de prosperidad.

Actualmente, el mundo parece atrapado en un sistema en el cual la producción, la distribución, el consumo, la gobernanza, e incluso, la normativa y las pautas de comportamiento, están secuestrados por el modelo de economía lineal. Sin embargo, este bloqueo se está debilitando como resultado de la presión de diversas tendencias disruptivas. La progresiva percepción por parte de la sociedad civil de la difícil situación que hoy afecta al hábitat de vida humano genera considerables expresiones y manifestaciones contestatarias y reivindicativas, un hecho positivo que se ve reforzado por el acrecentamiento de la sensibilidad de las personas frente a los problemas ambientales.

Tampoco se puede dejar de mencionar las características y la intensidad de las manifestaciones reivindicativas que surgen cada día con mayor fuerza en medio de la sociedad civil. El mundo se ve obligado a soportar protestas violentas, una respuesta que no se esperaban los populismos de izquierda o de derecha, que pone a prueba a cualquier líder político y cuestiona la autoridad. Hay protestas por todo el mundo, y las expresiones de rabia van explotando por doquier casi siempre de modo violento, con tintes de desesperación, a veces de soberbia, de frustración ante los cambios que no llegan, ante los beneficios que se esfuman sustituidos por la corrupción, por los intereses o por el poder circunstancial de unas minorías que limitan los derechos de muchos. Esta violencia es la respuesta que no se esperaban los populismos de izquierda o de derecha. Pone a prueba a cualquier líder político y cuestiona la autoridad, que, de paso, pierde poder y terreno. Tiene el carácter joven, la movilidad y la ubicuidad que le permiten las redes sociales. En este sentido, el mundo virtual se transforma en una cómoda plaza pública informativa, lúdica y de apariencia democrática, pero que es despreciada por las esferas del poder establecido.

El actual contexto geopolítico se ve complicado por las dificultades que surgen a la hora de establecer "geoestrategias" en materia de sostenibilidad. Es una falacia pensar que a los jóvenes no les interesa la política, ya que solo se movilizan en las redes, pero, en cambio, protestan, opción que define otro estilo de hacer política, más informal, revulsivo y transgresor, que a la larga puede confirmar su valor como herramienta reivindicativa.

La realidad del entorno geopolítico se muestra cada vez más compleja e incierta. Los efectos del calentamiento global, la necesaria transición hacia una economía baja en carbono, las innovaciones tecnológicas, el cambio de los modelos de producción y consumo, y el crecimiento demográfico, están provocando situaciones que causan alarma social y riesgo de profundas desigualdades. Pero también hay que reconocer que hoy en día se dispone de herramientas y es posible formular estrategias que permitan evitar, o al menos controlar, estos y otros problemas y situaciones, que en caso contrario pueden poner en entredicho la posibilidad de garantizar un ambiente acogedor para la humanidad.

Todo este debate se ha de plantear considerando que el planeta cuenta con recursos limitados, cuya disponibilidad la sociedad ha de garantizar cimentando una cultura ecológica de dimensión global, equilibrada, solidaria y de proyección sostenible. Lo cual implica también, de modo ineludible, adoptar y aplicar a toda actitud y a toda interacción entre el hombre y su entorno, los principios más elementales de la prevención, de la deliberación inteligente y de la sensatez. Tal y como en su día afirmó el célebre consultor corporativo Peter Drucker, "la mejor manera de predecir el futuro es crearlo", lo cual revela que el camino hacia la sostenibilidad se ha de afrontar diseñando acciones estratégicas que comprometan de modo transversal y responsable a todos y cada uno de los habitantes de la tierra.

Crecimiento de la población
Urbanización

Escasez de materias primas
Energía, recursos renovables

Cambio climático
y preservación de ecosistemas

NUEVOS MODELOS DE PRODUCCION Y CONSUMO
+
GESTION DE LOS RECURSOS
+
REDUCCION DE EMISIONES DE GASES DE EFECTO INVERNADERO

2

RECURSOS, AMBIENTE Y DESARROLLO SOSTENIBLE

La gestión inteligente de los recursos del planeta constituye un requisito ineludible para asegurar la sostenibilidad y el equilibrio ambiental del mundo global. Consolidar un orden socioeconómico estable obliga a actuar con cautela para evitar los errores del pasado, que han llevado a que la humanidad se vea expuesta a enormes situaciones de riesgo.

La agresión hacia el medio ambiente, a menudo con consecuencias de carácter irreversible, la inició el ser humano hace algo más de doscientos años. La humanidad tiene ahora que hacer frente a las consecuencias de la falta de visión sobre los posibles efectos perjudiciales de dicha agresión. Las controversias hoy planteadas con relación a temas como la extinción acelerada de especies, la emergencia climática, la destrucción de la capa de ozono, la desertización, la deforestación, la crisis energética, el deterioro de los esquemas de vida urbana y sus secuelas sociales, constituyen algunos ejemplos categóricos en este sentido.

Los primeros pasos en materia de protección de los recursos del planeta a nivel mundial se dieron en 1972, cuando Naciones Unidas organizó en Estocolmo la primera Conferencia Internacional sobre Medio Ambiente. Esta reunión de expertos y autoridades de alto nivel, que también fue llamada "Cumbre de la Tierra", fue el preludio de otras que años más tarde la siguieron: la de Río de Janeiro (1992), la de Johannesburgo (2002), y unas cuantas más que a lo largo del tiempo llevaron a desencadenar los Protocolos de Kioto, los Acuerdos de París y las proverbiales "COP", con sus correspondientes políticas de reducción de los gases de efecto invernadero. En su día marcaron tendencias importantes en materia de protección de los recursos del planeta, sentando las primitivas bases de las opciones que hoy en día respaldan las estrategias contra el cambio climático, la promoción de la diversidad biológica, la apuesta por la sostenibilidad, o la necesidad urgente de repensar y reconducir con responsabilidad los hábitos de comportamiento de la economía, la política y la sociedad civil.

Teniendo en cuenta las implicaciones y consecuencias que tiene para la seguridad, la salud y el medio ambiente, apostar por la sostenibilidad adquiere especial relevancia y trascendencia, tanto desde el punto de vista técnico como social y económico. Se trata de un reto que debe asumirse con profesionalidad en cualquier sector de actividad, con visión estratégica, enfocado con eficiencia en los métodos hacia la eficacia en los resultados, respetando los principios básicos de la calidad. Modificar las tendencias y características del crecimiento constituye un requisito fundamental para establecer las condiciones necesarias para fortalecer un planeta más equitativo, estable y respetuoso con el medio ambiente, y **hacer frente** a la creciente complejidad, la globalización y la interdependencia de los sistemas económicos y sus impactos sociales. En síntesis, se trata de reforzar la idea del desarrollo sostenible como respuesta a estos colosales desafíos.

Pero también se han de tener en cuenta otros aspectos de naturaleza personal que condicionan hoy en día las actitudes y el comportamiento de la sociedad civil cuando se habla de sostenibilidad. La evolución cultural, el auge de los medios de información y comunicación, y el imparable proceso de consolidación del "estado de bienestar", configuran un perfil de ciudadano cada vez más exigente en cuanto atañe a "calidad", en el sentido más amplio del término. Y el término "sostenibilidad" adquiere su máximo significado cuando la sociedad reclama, con fundamentada autoridad moral, exigencias asociadas a los conceptos de seguridad, higiene y salud ambiental. Son conocidas las frecuentes reivindicaciones que se manifiestan cuando los ciudadanos intentan ejercer sus derechos en estos ámbitos a través de las organizaciones sindicales o de los medios de comunicación.

La preocupación y la sensibilidad de la sociedad en relación con la sostenibilidad se ve reforzada por las especiales características del actual contexto económico, que exige optimizar el retorno de las inversiones en medios y recursos de todo tipo, y proyectar a la vez al máximo la duración del ciclo de vida de los productos. Los recursos productivos, sobre todo los naturales y de índole limitada, son cada vez más costosos y escasos, lo cual conduce a la necesidad de gestionarlos con rigor, y de utilizarlos de un modo que permita evitar el despilfarro a lo largo de todo su ciclo de vida. El clásico esquema lineal extracción-transformación-uso-eliminación ha de ser sustituido por opciones de retroalimentación del tipo reducción – reciclaje – reutilización -recuperación, de acuerdo con los fundamentos de la economía circular, a lo cual hay que añadir también la necesidad de adoptar nuevos modelos de negocio dirigidos al logro de la sostenibilidad.

Esta realidad pone además de relieve la importancia de la investigación, la educación, la información y la participación activa de cada integrante de la comunidad en este enfoque del sistema, que obliga al mejor uso de los recursos en beneficio directo y prioritario de la sociedad y de la estabilidad del entorno vital. Al plantear la sostenibilidad como el objetivo insoslayable de la era global se debe actuar con una visión holística, realista y responsable, que se proyecte más allá de los intentos puntuales para solucionar problemas como la crisis climática, la contaminación del agua o el deterioro de la calidad del aire.

La clave para garantizar el equilibrio del medio ambiente y asegurar la disponibilidad de los recursos finitos de la tierra, radica precisamente en optar por modelos de producción y consumo que se distancien de las intenciones especulativas que han marcado durante años el esquema de extracción y despilfarro característico de la economía lineal. La única vía que permitirá avanzar con éxito en este sentido, será apostar responsablemente por opciones de acción basadas en estrategias de desarrollo sostenible.

CRONICA DE UN DESPILFARRO

El equilibrio global, mantenido con éxito a lo largo de milenios por compensación natural, sufrió un importante cambio de inflexión con el advenimiento de la sociedad industrial, promotora de medios y métodos de producción cuyos efectos devastadores no se han hecho esperar. Siempre que el hombre como especie ha impactado sobre la tierra, han surgido en paralelo los problemas ambientales.

La controversia mundial sobre las alternativas de cambio y transición, planteada por la necesidad de consolidar un medio ambiente equilibrado para el ser humano, puede sintetizarse en una evidencia cada día más asentada: la población y la industria no pueden continuar creciendo exponencialmente sin la perspectiva de un inminente desastre. Así ha quedado estipulado a lo largo del tiempo en numerosos informes recientemente debatidos, relativos al estado y futuro de los recursos naturales del planeta, cuya importancia hoy nadie discute. Uno de estos informes es el que llevó a cabo en su día el Instituto Tecnológico de Massachusetts (MIT), bajo el auspicio del Club de Roma, grupo internacional de empresarios, científicos y profesores creado en los remotos años sesenta del pasado siglo, abocado al análisis de los problemas ambientales que entonces comenzaban a manifestarse de modo incipiente y testimonial.

El citado informe analizó las perspectivas de los recursos en el contexto del progreso mundial. Sus conclusiones fueron dramáticas: las tasas de aumento poblacional e industrial no ofrecían garantías de poder ser soportadas dentro de unos cien años, aun cuando se lograsen adelantos sustanciales en materias relacionadas con el control de la natalidad, la producción de alimentos, la explotación de los recursos naturales y el control de la contaminación. De acuerdo con esta realidad, la solución no podía ser distinta a la que plantearon algunos economistas y filósofos hace más de dos siglos, que básicamente apuntaban a lograr el equilibrio global estabilizando la población, limitando las inversiones de capital, y sustituyendo los recursos productivos consumidos.

Como antes se destacó, en 1972 Naciones Unidas organizó en Estocolmo la primera Conferencia Internacional sobre Medio Ambiente. Esta reunión de expertos y autoridades de alto nivel fue el preludio de otras que años más tarde la siguieron: la de Río de Janeiro (1992), la de Johannesburgo (2002), y unas cuantas más que llevaron a desencadenar las políticas de reducción de los gases de Efecto Invernadero. En su día marcaron tendencias importantes en materia de protección de los recursos del planeta, sentando las primitivas bases de las opciones que hoy en día respaldan las conocidas estrategias contra la crisis climática, la conservación de la diversidad biológica, la apuesta por la sostenibilidad, y la necesidad urgente de repensar y reconducir con responsabilidad los estilos de comportamiento de la sociedad civil y de la economía, así como las características de la gobernanza y del liderazgo que se han de aplicar en el contexto del mundo globalizado. Insinuaciones de economías de crecimiento cero fueron a menudo consideradas como retóricas en el pasado. Pero en el momento actual, las reglas del juego sugeridas por nuevas realidades obligan a considerar este tipo de planteamiento con mayor seriedad.

Sicco Mansholt, durante los citados años sesenta uno de los vicepresidentes de la Comisión del Mercado Común Europeo, efectuó un llamado general para establecer un Plan Ecológico Europeo que, ante la alarma y la inquietud latentes, propiciase la sustitución del tradicional concepto de "producto nacional bruto" por otro de "producto nacional útil", más de acuerdo con la realidad del momento y con las incógnitas del futuro. Este postulado deja en claro que la inquietud por los problemas ambientales y por la gestión de los recursos del planeta es bastante antigua. Sin embargo, a pesar de que las repercusiones de estudios tan lejanos como el del MIT han ido captando adeptos día tras día, la contrapartida se sigue fundamentando en la fuerza tecnológica, que defiende la ancestral capacidad de la humanidad para resolver los problemas del medio y de los recursos asociados al desarrollo socioeconómico.

Si el crecimiento industrial se mantiene atendiendo a los postulados de la economía lineal, la reducción de la contaminación puede ser desvirtuada, con la posibilidad de volver a alcanzar niveles críticos a medio plazo. Un crecimiento demográfico alto puede también plantear una crisis de alimentos tanto en términos cuantitativos como cualitativos, pese a que se estimulen incrementos sustanciales del rendimiento de la agricultura, y se garantice que las fuentes de otros recursos, entre ellos el agua y la energía, sean sostenibles. Este límite está determinado por la excesiva presión de utilización de la tierra, que reduce su potencial productivo por agotamiento del suelo, por la acción de una población exigente, y por el aumento de la contaminación.

El equilibrio de la naturaleza es dinámico, y se ajusta o no de acuerdo con el cambio de las circunstancias dependiendo de si éstas son de origen natural o provocado. Pero este equilibrio es la parte más débil y vulnerable del ecosistema, y la más delicada frente a la acción del hombre, sobre todo frente a sus errores. El antiguo concepto de "explotación ilimitada" no es válido en momentos en que predomina un entorno social civilizado que se decanta por la presión extractiva. El apremio que crean la necesidad y las expectativas humanas obliga a la sustitución de este término por criterios de gestión y de planificación enfocados a la productividad global "sostenible".

La capacidad del ser humano para recuperar el equilibrio y resolver estos problemas no ofrece lugar a dudas. Los adelantos tecnológicos han permitido y seguirán haciendo posible que la producción de alimentos supla el crecimiento poblacional, pero esta realidad pierde sentido cuando se constatan los límites y desequilibrios que resultan de las deficiencias en materia de almacenaje y distribución, y de la pérdida de alimentos a nivel mundial, principal causa de la desnutrición y del hambre que padecen muchas regiones y naciones emergentes. Para que esto no ocurra, se han de asumir dos requisitos: la racionalización de los procedimientos de uso y distribución de recursos, y la implantación de esquemas de gobernanza y liderazgo transversal que así lo permitan.

HACIA UN FUTURO SOSTENIBLE

No se puede negar la realidad de la situación crítica que afronta el medio ambiente en términos de corto y largo plazo como consecuencia de los errores del pasado. Por ello, parece lógico anteponer el análisis de las alternativas preventivas en contraposición a las acciones correctoras que ofrece la tecnología. La historia ha demostrado que una actitud avanzada permite obtener ventajas frente a las soluciones exigidas por la urgencia del momento o por el dramatismo de los hechos consumados. La actitud preventiva no implica necesariamente poner fin al crecimiento social y económico.

Contra las agresiones al medio ambiente causadas por la deficiente gestión del patrimonio del planeta, no cabe esperar antídotos industriales. Todo adelanto tecnológico debe ser respaldado por la transformación "revolucionaria" de las actividades económicas y de los modelos de comportamiento social, mediante la cual sea posible cimentar estrategias responsables para la gestión del cambio. Es la vía esencial para distribuir equitativamente los recursos disponibles a una población en equilibrio con sus demandas vitales.

Los recursos, lejos de ser guardados celosa y obstinadamente, deben ser utilizados de forma apropiada, y no destruidos, para lograr de ellos los máximos beneficios, lo cual requiere una efectiva sensibilización por parte de la comunidad. Para ello, se dispone de tecnologías que ofrecen alternativas de uso sostenible de los recursos, y de métodos de gestión y producción innovadores, como los que propicia la economía circular, que vienen a ser el resultado de capitalizar la experiencia adquirida a lo largo de la historia del propio proceso de degradación generado por la economía extractiva y por los malos hábitos de producción y consumo. La controversia planteada entre el beneficio o el perjuicio que representa la tecnología para la humanidad, debe encuadrarse dentro del marco del entorno mundial, que es finito.

El despertar de la conciencia y de la sensibilidad ambiental ha empezado a estimular el interés creciente de la sociedad civil y de los estamentos empresariales y gubernamentales, lo cual ha permitido la puesta en marcha de programas dentro de los cuales el concepto de sostenibilidad ocupa un lugar preponderante. En algunos casos esta realidad no ha estado exenta de demagogia, provocando confusión y desorientación en la sociedad, y desfigurando la credibilidad de las opciones en juego.

Cuando se habla de la necesidad de gestionar responsablemente los recursos, es preciso comprometer en ello y de modo transversal a todos los actores y agentes responsables de generar y asumir los cambios pertinentes. No solo es responsabilidad de los gobiernos y del sector público actuar en este terreno, sino también de todos y cada uno de los ciudadanos del planeta, muy activos a la hora de reivindicar sus derechos, pero que a menudo olvidan sus propios deberes y compromisos para con su sustrato vital. Cuidar el patrimonio natural no es función y obligación solo de las áreas de concentración del poder político y económico, sino de toda la sociedad.

Las manifestaciones de sensibilidad ambiental no conducen a ningún resultado si los integrantes del planeta solo son conscientes de sus derechos, pero olvidan sus compromisos y responsabilidades.

Los recursos naturales no constituyen un patrimonio local, sino global, y su protección es una responsabilidad ineludible. Se requiere orientar la totalidad de las prácticas y actitudes de acción, tanto pública como privada, con un enfoque de visión y perspectiva planetaria, Se ha de asumir que es indispensable proteger lo que se tiene, pero también fortalecer lo que se puede mejorar, para así proyectar a futuro y con seguridad todo lo que se relaciona con el uso de la naturaleza, en beneficio inmediato de todos, y de las futuras generaciones que deberán vivir las consecuencias de las decisiones de hoy.

Para lograr las más amplias ventajas de la explotación de los recursos se requieren grandes cambios en la idiosincrasia popular y en la capacidad organizativa de los niveles de responsabilidad y decisión. Hay que aprender a distinguir y separar los conceptos de "conservación" y de "gestión", y reservar este último término para enfocar las estrategias con visión transversal y criterios globales de sostenibilidad.

La información disponible en este terreno, en momentos de imparable globalización, es de indiscutible valor, y lo será cada vez más. Por su naturaleza compleja, diversa y voluminosa, debe ser canalizada y compartirla inteligentemente, asimilando y asumiendo su impacto en la cultura y en los valores tradicionales, evitando que vuelva a ser manipulada por las presiones del mercado, por tendencias equivocadas, o por los obscuros intereses mezquinos de algunas minorías.

Los diecisiete Objetivos de Desarrollo Sostenible de la Agenda 2030 de Naciones Unidas sugieren principios, opciones, orientaciones y valiosas herramientas estratégicas para alcanzar la estabilidad del mundo global. Asumidos y puestos en marcha por todos y cada uno de los agentes del mundo político y empresarial, y por la sociedad en su totalidad, pueden conducir a implantar con éxito nuevos modelos de producción y hábitos de consumo y comportamiento responsables para transformar las buenas intenciones en resultados eficaces.

Inducir el cambio de actitudes que requieren dichos modelos no es tarea fácil, puesto que para ello es necesario asumir paradigmas que a menudo resultan transgresores y disruptivos, y que exigen al ser humano abandonar la "zona de confort" en la que lo ha instalado la inercia de sus atavismos egocéntricos. El desarrollo socioeconómico sostenible es posible y compatible con el empleo y con la explotación de los recursos, sean estos de carácter limitado o renovable, siempre y cuando ello sea llevado a la práctica con cordura y sentido común, anteponiendo el principio de la "prevención" a la alternativa de tener que pagar el precio de la "reparación" de errores y situaciones críticas, que a menudo suelen tener consecuencias irreversibles. La primera opción, la de prevenir, constituye una inversión rentable a largo plazo. La segunda, la de reparar y corregir, es el reflejo de un lamentable despilfarro.

3

SOSTENIBILIDAD, RETO Y OBJETIVO PARA EL MUNDO GLOBALIZADO

La sostenibilidad es un término que se refleja con frecuencia en los escenarios del ámbito mediático, empresarial y social, que demuestra la importancia que ha adquirido como concepto de interés general.

Para que la percepción de su relevancia como vía para alcanzar la estabilidad del planeta se traduzca en hechos concretos, el debate no debe limitarse a un simple ejercicio dialéctico, ni transformarse en una moda pasajera de corte especulativo.

Las reflexiones sobre conceptos relacionados con el medio ambiente apuntan siempre a la misma conclusión: la necesidad de actuar apropiadamente para recuperar la estabilidad de una relación sostenida entre el hombre y su entorno natural. Los indicios de antagonismo entre el ser humano y el medio físico son hoy patentes, producto de un modelo histórico de comportamiento egocéntrico con tendencia al dominio absoluto de los recursos y de la naturaleza, desprovisto de la percepción consciente de las limitaciones y de las consecuencias de las actitudes puramente extractivas y especulativas.

La acción ambiental implica forzosamente el replanteamiento de principios que conduzcan a repensar, sin olvidar sus lecciones, una historia marcada por la distorsión sistemática de los valores más esenciales de la humanidad, y sustituirla por actitudes que permitan recuperar la armonía de la relación entre el hombre y la tierra, basando la estrategia en la ética de la solidaridad y de la paz. En otras palabras, alcanzar la sostenibilidad no implica necesariamente poner freno al desarrollo y al crecimiento económico, sino más bien apostar por "controlar" y "mejorar" el crecimiento, enfocarlo a satisfacer las necesidades "genuinas" de la sociedad, y garantizar la estabilidad integral del planeta.

La incipiente crítica y la creciente percepción de la

problemática del medio humano por parte de la sociedad, que con frecuencia generan expresiones contestatarias y reivindicativas de diversa índole y trascendencia, constituyen hechos positivos que confirman el aumento de la sensibilidad en relación con los problemas ambientales y con los requisitos que requiere alcanzar la sostenibilidad. Pero esta reacción social es insuficiente si no se traduce en la participación proactiva, responsable y solidaria de todos los integrantes de la colectividad en acciones concretas. Sólo esta vía puede aportar soluciones efectivas, y conducir a asumir el grado de compromiso que se requiere para afrontar el problema con rigor, compromiso y visión. Solo la comprensión inteligente del mundo desde una perspectiva solidaria y humanista es la que permitirá a todos los miembros de la sociedad asumir sus deberes y ejercer sus derechos sobre la base de un compromiso ético ineludible, base esencial para cualquier acción que se lleve a cabo mediante la práctica responsable de la gobernanza y el empleo eficaz de la tecnología.

Buena parte de la acción para proteger, corregir y mejorar las condiciones del medio físico debe basarse en la utilización racional de la ciencia y de la tecnología, inclusive de la misma que secularmente contribuyó a generar problemas por su mal enfoque y uso. No obstante, a pesar de la validez de esta aseveración, se debe pensar además en métodos más audaces e imaginativos si se quiere obtener resultados susceptibles de ser consolidados y mantenidos dentro de la perspectiva del largo plazo. No se debe esperar pasivamente que opciones actualmente valiosas como soluciones conducentes a la sostenibilidad, tales como la digitalización y los sistemas y tecnologías de la Industria 4.0, sean las que por sí mismas resuelvan todo el problema. Sin negar de que éstas constituyen valiosas herramientas a tener en cuenta, el ejercicio por parte de la sociedad del pensamiento crítico, de la imaginación y de la innovación ha de ser practicado de modo dinámico y continuo.

La creatividad y el ingenio del ser humano han de generar alternativas "revolucionarias" que permitan enfocar la sostenibilidad con objetividad y visión de futuro. Por este motivo, es preciso insistir en la importancia de la investigación, de la formación y de la educación de la sociedad en temas relacionados con el entorno humano, así como en el papel destacado que en este sentido han de desempeñar, cada día con mayor rigor y responsabilidad, los medios de comunicación e información, para permitir a la sociedad afrontar integralmente un tema pluridisciplinar y polifacético, en el cual intervienen diversos actores, y donde las connotaciones son tan variadas como complejas. La información disponible en este terreno, en momentos de imparable globalización, es de indiscutible valía, y lo será cada vez más. Por su naturaleza compleja, diversa y voluminosa, es preciso canalizarla y compartirla inteligentemente, asimilando y asumiendo su impacto en la cultura y en los valores tradicionales, evitando que vuelva a ser manipulada negativamente por las presiones del mercado, por tendencias equivocadas, o por los obscuros intereses mezquinos de algunas minorías.

Los diecisiete Objetivos de Desarrollo Sostenible de la Agenda 2030 de Naciones Unidas contienen sin duda alguna principios, opciones y herramientas estratégicas valiosas para alcanzar la estabilidad del mundo global. Asumidos y puestos en marcha por todos y cada uno de los agentes del mundo político y empresarial, y de la sociedad en su totalidad, pueden conducir a implantar con éxito los modelos de producción y los hábitos de consumo y comportamiento necesarios para transformar las buenas intenciones en resultados eficaces.

Inducir el cambio de actitudes que requieren dichos modelos no es tarea fácil. Hay que insistir que ello implica asumir nuevos paradigmas que a menudo resultan incómodos, y que exigen al ser humano abandonar la "zona de confort" en la que lo ha instalado la inercia de sus atavismos egocéntricos, respaldados por los espejismos creados por la economía lineal, basada en la extracción desenfrenada de recursos y en su posterior derroche.

También hay que tener en consideración que la lucha por la sostenibilidad, la acción contra la emergencia climática y el freno de la degradación del medio ambiente son retos comunes, pero no todas las naciones y regiones parten de la misma situación. Los mecanismos para inducir una transición justa hacia nuevos modelos de producción y consumo deberán apoyar a las regiones que aún dependen en gran medida de actividades que requieren hacer un uso muy intensivo de carbono, y ayudar de modo prioritario a los ciudadanos más vulnerables durante el proceso de transición, facilitando su acceso a programas de readaptación profesional y a oportunidades de empleo en nuevos sectores económicos.

SOSTENIBILIDAD Y MODELOS DE PRODUCCION Y CONSUMO

Debido a su carácter disruptivo y transgresor, las nuevas ideas y los nuevos modelos de producción y de negocio que propician la circularidad dan a menudo la sensación de ser, por su propia naturaleza, incómodos y perturbadores. En todo caso, la lógica demuestra que son menos negativos si se les analiza desde el punto de vista del contexto de un mundo en el que empiezan a escasear el agua, la energía y las tierras fértiles, con un telón de fondo caracterizado por las amenazas de la crisis climática, los fenómenos meteorológicos extremos y los desastres naturales, así como por la creciente escasez y el consecuente incremento del coste de los recursos naturales.

La puesta en práctica del conjunto de estrategias, sistemas y herramientas que ofrecen las tecnologías alineadas con los principios de la economía circular y de la sostenibilidad, pueden contribuir de modo positivo al diseño de modelos de producción industrial organizados con este objetivo. Las actuaciones en materia de procesos tales como reciclaje, reutilización y valorización de residuos, ciclo inverso y refabricación, son claros ejemplos de estas alternativas.

Cuando en los años setenta del pasado siglo se publicó el antes citado estudio "Los límites al crecimiento", se puso de relieve la necesidad de modificar las tendencias del desarrollo, y de establecer las condiciones para vivir en un planeta más equitativo, estable y respetuoso con el medio ambiente. La creciente complejidad del ámbito social y del marco económico, la globalización, la interdependencia de los sistemas y sus impactos sociales, refuerzan la necesidad de asegurar el desarrollo sostenible como respuesta a este desafío.

Sin embargo, la realidad se muestra cada vez más compleja e incierta. El efecto de los cambios que ocurren en el ámbito de los fenómenos climáticos, la transición hacia una economía baja en carbono, las innovaciones tecnológicas y de los procesos de producción, el crecimiento demográfico, o la transformación de los modelos de consumo, por citar solamente algunos factores críticos, están provocando situaciones que a menudo causan alarma social y riesgo de profundas desigualdades. A todo ello se suma la necesidad de que, frente a las consecuencias de la crisis climática, en numerosas regiones del mundo no solo será importante adoptar medidas para mitigar sus efectos, sino también aplicar estrategias de readaptación a aquellos problemas de naturaleza irreversible que obliguen a relocalizar a personas y actividades, y a modificar en consecuencia el uso del territorio rural y del entorno urbano.

A esta realidad hay que añadir el forzoso cambio de paradigmas de comportamiento individual que surgirá como consecuencia del progreso y de la reivindicación del estado de bienestar, tanto en naciones avanzadas como en las de economías emergentes. A modo de ejemplo, cabe analizar las actitudes de los ciudadanos en relación con el reciclaje, acción que, como se ha podido constatar, constituye una de las opciones básicas para el despliegue eficaz de la economía circular. Reciclar es fácil y sencillo, pero a menudo el ciudadano lo percibe como algo engorroso y complicado. La falta de espacio en el hogar, la comodidad, el desconocimiento, la desidia y la desconfianza hacia el sistema, alimentan en muchos casos excusas a las que los ciudadanos se aferran para eludir la actitud cívica de separar para reciclar, y así mejorar la calidad de vida, colaborar con la sostenibilidad y disfrutar de un entorno más saludable.

Para garantizar la sostenibilidad aplicando los principios de la circularidad se han de modificar los esquemas lineales de producción y consumo, ajustando, como se analizará más adelante, los ciclos técnicos o industriales al ciclo natural o biológico, imitando los procesos que hacen del entorno natural un medio equilibrado y resiliente.

Al final del capítulo 4 se incluye un esquema que ilustra de modo gráfico el principio de acercamiento del ciclo técnico al ciclo biológico.

SOSTENIBILIDAD, MEDIO AMBIENTE Y BUENAS INTENCIONES

La percepción de los problemas ambientales, así como la necesidad de enfocar el planeta hacia la sostenibilidad, han provocado el despertar de la sensibilidad de la sociedad. Frente ello, se formulan valiosas iniciativas para frenar los problemas, pero éstas a menudo quedan olvidadas en el arca de las buenas intenciones. Esta fórmula no es suficiente para corregir situaciones que requieren de la acción proactiva, directa y responsable de todas y cada una de las personas.

Mucho se reflexiona sobre conceptos de implicación ambiental, y todo este debate conduce siempre a la misma conclusión: la necesidad de actuar responsablemente para recuperar la estabilidad de una relación sostenida entre el ser humano y su entorno natural. Con anterioridad se hizo referencia a que el antagonismo entre las personas y el medio ambiente es innegable, producto del modelo de comportamiento egocéntrico del ser humano, que se inclina hacia el dominio de la naturaleza sin percibir las limitaciones del entorno ni medir las consecuencias de sus actitudes. La acción ambiental constructiva obliga al replanteamiento radical de unos principios que permitan reconducir una trayectoria que ha estado marcada por el ejercicio sistemático del comportamiento extractivo, y sustituirla por una estrategia constructiva que dé lugar a la recuperación responsable y sensata de una relación equilibrada entre el hombre y su sustrato vital.

La evolución de un tema de naturaleza compleja, pluridisciplinar y multifacética es difícil de prever. A lo largo de años de debate se han multiplicado las opiniones y discusiones relacionadas con el futuro del planeta y del género humano que lo domina, y han sido a menudo cuestionadas y valoradas las actitudes de la sociedad en relación tanto con su deterioro como con su protección. Una visión en retrospectiva de la temática del medio ambiente, siempre vinculada a la evolución histórica de personas, pueblos y naciones, indica que el camino recorrido podría y debería haber sido diferente, pero no ha ocurrido así.

Una realidad de características globales y proyección planetaria trasciende las fronteras y el tiempo, genera dudas, y tiene serias repercusiones en los ámbitos social, económico y político, independientemente de sus implicaciones éticas. Todo este conjunto de variables conduce al inevitable debate sobre la necesidad de rediseñar los clásicos centros de poder y decisión, erradicar los conflictos de interés, y volver a situar al ser humano como protagonista y responsable de la dinámica de su entorno vital.

Dice el popular refrán que "más vale prevenir que curar", expresión que refleja una realidad cuya fuerza cualquier persona ha tenido la ocasión de comprobar más de una vez en uno u otro momento de su vida. La incipiente crítica y la creciente percepción de la problemática del medio humano por parte de la sociedad es prueba tajante de ello, y es la respuesta a una realidad que genera expresiones contestatarias y reivindicativas de diversa índole y trascendencia que confirman el aumento de la sensibilidad en relación con los problemas ambientales que hoy en día afectan a gran parte del planeta. La percepción de los problemas que repercuten en el entorno de vida de las personas ha llegado a ser motivo de amplia controversia, muchas veces como consecuencia de situaciones y conflictos de intereses, falta de información rigurosa, ignorancia, pasividad, pesimismo, o excesiva confianza en las opciones correctoras que ofrecen la ciencia y la tecnología.

La reacción social es insuficiente si no se traduce en la participación proactiva, responsable y solidaria de todos los integrantes de la colectividad en una dirección concreta. Sólo esta vía puede aportar soluciones efectivas, y obligar a asumir el grado de compromiso que se requiere para hacer frente al problema con rigor, visión y perspectiva de sostenibilidad. La comprensión del mundo desde un punto de vista solidario y humanista es la que ha de permitir a todos los miembros de la sociedad asumir sus responsabilidades como compromiso, base esencial para cualquier acción que se deba llevar a cabo mediante la práctica política, legislativa y técnica. En este escenario no caben las actitudes puramente románticas, ni el pesimismo fatalista, ni la pedantería simplista marcada por el triunfalismo y la soberbia.

La información disponible en este terreno es, y lo será cada vez más, de índole extremadamente diversa y voluminosa, razón de más para canalizarla y compartirla inteligentemente, asimilando y asumiendo su impacto en la cultura y en los valores tradicionales, evitando que vuelva a ser manipulada por las presiones del mercado, por fuerzas políticas equivocadas, o por los intereses mezquinos de algunas minorías. Ante esta cruda realidad, cabe insistir en la necesidad de implantar y asumir nuevos esquemas de comportamiento social, político y económico que conduzcan a la erradicación de la cultura del despilfarro, del consumo suntuario y de la ineptitud. Pero actuar con criterios de sostenibilidad no significa solo comprometerse con el significado de este término, sino también evitar que sea desvirtuado y utilizado como una simple herramienta al servicio de intereses especulativos, de modas coyunturales, o de la manipulación tendenciosa de los hábitos de consumo de las personas.

El debate está planteado, pero antes es preciso aludir a una última consideración: la relativa dosis de incertidumbre existente hoy en día en relación con la sostenibilidad, la salud ambiental y las posibles consecuencias de la gestión indebida de los recursos del planeta, no ha de constituir motivo de excusa para posponer acciones que ya se justifican por sí mismas. Para alcanzar efectos tangibles no bastan las declaraciones de buenas intenciones. Su valor solo se traducirá en resultados efectivos si se llevan a la práctica con sensatez, apuntando a objetivos de sostenibilidad con enfoque previsor.

4

HERRAMIENTAS Y REQUISITOS PARA ALCANZAR LA SOSTENIBILIDAD

Toda acción implica riesgos que pueden dificultar la consecución de los objetivos definidos por cualquier tipo de organización.
La gestión del riesgo ayuda a tomar decisiones considerando la incertidumbre, la ocurrencia de circunstancias imprevistas, y sus efectos sobre la economía, el ambiente y la sociedad. Como herramienta holística, restauradora y regenerativa, la circularidad permite generar seguridad y prevenir riesgos en cualquier ámbito de actividad.

Alcanzar la sostenibilidad integral del planeta constituye un desafío que debe ser asumido con rigor y objetividad, teniendo en cuenta que para ello es necesario superar escollos e imprevistos que a menudo dificultan el alcance de las metas establecidas como objetivos. Entre otros factores a tener en cuenta, surgen la necesidad de racionalizar el uso de los recursos, de cambiar los modelos de producción y consumo, y de ajustar todo ello a un entorno geopolítico complejo, volátil e inestable.

Sin embargo, se dispone hoy en día de herramientas que pueden en buena medida facilitar la trayectoria hacia el logro de un mundo equilibrado y estable, siempre y cuando dichos instrumentos sean utilizados de modo racional y transversal, y que escapen de la tentación de distorsionar su empleo como resultado de orientarlos con ánimo especulativo hacia intereses particulares que desvirtúen su eficacia.

Las herramientas deben ser utilizadas cumpliendo con los requisitos que se requiere respetar cuando se trata de alcanzar objetivos a largo plazo, enmarcados dentro de un contexto geopolítico complejo, volátil e inestable, y teniendo en cuenta que algunas tecnologías, a pesar de ofrecer "a priori" ventajas muy remarcables, solo se generalizan después de mucho tiempo, o nunca llegan a materializarse como soluciones eficaces. Por ello, siempre es aconsejable desarrollar análisis de prospectiva tecnológica y estudiar a fondo el verdadero potencial de las nuevas tecnologías.

Se detallan a continuación algunos de los instrumentos, estrategias y tendencias que marcan hoy en día el camino hacia la sostenibilidad, y que deben ser tenidos en cuenta pensando en las posibles consecuencias que se puedan crear si son olvidadas en el momento de definir las estrategias y actuaciones pertinentes.

HERRAMIENTAS DE LA SOSTENIBILIDAD

1 - Economía Circular

La Economía Circular constituye la herramienta clave para alcanzar y asegurar la sostenibilidad integral en todo el planeta. Por su enfoque holístico y sistemático, y como herramienta preventiva, restauradora y regenerativa, constituye una valiosa opción para contribuir a la reducción del uso irresponsable de recursos y mitigar las emisiones de gases de efecto invernadero causantes del calentamiento global y de la crisis climática.

Los principios de la circularidad propician que los productos, componentes y materias primas mantengan su utilidad y valor máximo en todo momento, vinculando los ciclos técnicos al funcionamiento de los ciclos biológicos. La herramienta se concibe como un ciclo de desarrollo positivo y continuo que preserva y mejora el capital natural, optimiza el rendimiento de los recursos, y minimiza los riesgos del sistema al gestionar con rigor las reservas finitas y los flujos renovables. Funciona de forma eficaz en todas las escalas y sectores de actividad, y, en definitiva, este modelo estimula desvincular el desarrollo económico global del consumo de recursos finitos. La economía circular propone un modelo que compensa los límites biofísicos de la economía lineal y propone cambios radicales de paradigmas en los ámbitos social, político y económico. Trabajar sobre la base de sus principios permite corregir un sinnúmero de deficiencias durante la fabricación de productos o la prestación de servicios, optimizando el consumo de recursos, reduciendo la generación de residuos y subproductos desechables, y aportando nuevas fuentes de producción y ahorro de energía.

Son tres los principios sobre los cuales descansa la economía circular:

- Preservar y mejorar el capital natural, controlando las reservas finitas y equilibrando los flujos de recursos renovables, desmaterializando la utilidad y ofreciendo ventajas cualitativas y de forma virtual. El sistema circular selecciona los recursos y elige tecnologías y procesos que utilizan materiales renovables o de mayor rendimiento.

- Optimizar el rendimiento de los recursos, distribuyendo productos, componentes y materias procurando su máxima utilidad en todo momento. Esto implica diseñar para mantener los componentes técnicos y materias circulando, contribuyendo de este modo a optimizar la economía. Los sistemas circulares maximizan el número de ciclos consecutivos y/o el tiempo empleado en cada ciclo, aumentado la vida útil de los productos y favoreciendo la reutilización.

- Promover la eficacia de los sistemas detectando y eliminando del diseño los factores externos negativos, evitando o reduciendo los posibles daños, y controlando los elementos externos de importancia, tales como el uso del suelo, la contaminación del aire y del agua, o el vertido de sustancias tóxicas.

La economía circular, cuya principal característica es la de preservar el valor de los recursos, contiene el potencial para lograr el desarrollo sostenible y la erradicación de la pobreza. Este potencial proviene de las transformaciones acaecidas en el panorama mundial: los riesgos a los que se enfrenta la humanidad han variado de forma sustancial, y requieren un nuevo planteamiento general para abordar con fuerza, objetividad y decisión los aspectos esenciales del nuevo escenario económico.

La economía circular es un modelo económico global que tiene como objetivo disociar el crecimiento económico y el desarrollo del consumo de recursos finitos. La adopción de la economía circular cobra hoy fuerza entre gobernantes y líderes empresariales como alternativa atrayente frente a la tradicional economía lineal, basada en "tomar, hacer, desechar". Su atractivo se debe a su potencial para desvincular el crecimiento económico del consumo de insumos y recursos vírgenes, para fomentar la innovación, para incrementar el crecimiento, y para generar más empleo.

La preocupación por la gestión sostenible de los recursos surge en momentos en que el enfoque de la economía global requiere cambios sustanciales. El auge de los nuevos productos y plataformas para el intercambio demuestra que existen modelos circulares de creación de valor en numerosos ámbitos de la economía. El reto consiste en fomentar esta actividad para crear cambios sustanciales en todo el sistema.

Características de la Economía Circular

Por definición, la economía circular es un modelo sostenible, reparador y regenerativo que se basa en tres enfoques fundamentales: uso de energías renovables, eficiencia energética y gestión eficiente y responsable de todo tipo de recursos. La economía circular, apoyada en la Industria 4.0, herramienta a la cual se alude más adelante, puede jugar un rol importante en la transformación de los modelos de fabricación y consumo. La circularidad propicia el uso y la creación de nuevas tecnologías que permiten la transformación hacia la adopción de modelos de negocio propios de la cuarta revolución industrial. Junto con otras iniciativas de actualidad, como el *On-Demand Products* y la *Sharing Economy*, contribuye también a hacer frente a lo que algunos creen erróneamente ser su mayor amenaza: la potencial y temida "destrucción" de empleos.

Pero lo que ocurre en la práctica es precisamente lo contrario: la economía circular plantea la intervención en todo el ciclo de vida de los productos y servicios, mejorando la calidad y optimizando la eficacia, la disponibilidad y la seguridad de los mismos, potenciando la creación de gran número de nuevas actividades, las que a su vez requieren de mayor número de profesionales especializados, cuyo trabajo, mejor remunerado, genera mayor valor añadido.

Una de las características más relevantes de la economía circular es que es deliberadamente restaurativa y regenerativa. La recuperación de materiales y productos no solo se lleva a cabo al final del ciclo de producción y uso, sino que se posibilita también en el resto de las fases, como, por ejemplo, en el momento de elegir las materias primas, o de implementar los procedimientos de fabricación. Partiendo de la fase de concepción, hasta la de gestión al final del ciclo mediante procedimientos de valorización, reutilización o reciclaje, se diseña e implementa de modo sucesivo la selección de materias primas, el uso de modelos de producción innovadores, la selección de canales racionales de distribución, y se estimula el fomento de esquemas de uso apropiado por parte de los consumidores. Para conducir a buen fin esta estrategia es requisito indispensable poner en marcha todo el conocimiento, el talento y la inteligencia disponibles.

Ventajas de la Circularidad para la Economía Global

- **Crecimiento económico**

El valor del crecimiento económico derivado de la adopción de la economía circular, definido según el PIB, se obtiene principalmente como resultado de la combinación de los mayores ingresos derivados de las actividades circulares emergentes, y de la reducción de los costes de producción por la utilización más productiva de los insumos. El cambio en el valor de los insumos y productos de las actividades de producción afecta al suministro, la demanda y los precios de toda la economía, propagándose a todos los sectores de actividad, y provocando una serie de efectos indirectos que conducen a incrementar el crecimiento total. Entre esos efectos se incluye el incremento del gasto y del ahorro que resulta del aumento de la renta personal, lo que a su vez se traduce en el incremento de la remuneración de la mano de obra. Considerados en su conjunto, estos efectos contribuyen a una variación positiva del PIB.

- **Ahorros netos de costes de materias primas**

El modelo de producción circular posibilita ahorros netos de costes de materias primas, principalmente como consecuencia del desarrollo de iniciativas tales como el reciclaje, la reutilización y la simbiosis industrial.

En el caso de los bienes de consumo de alta rotación, como es el caso de los alimentos, se calcula que, si se adoptan modelos de gestión basados en la economía circular, el potencial adicional de beneficios es importante. Además, con las estrategias circulares es posible reducir considerablemente los costes en vertederos de residuos, facilitar la restauración de los suelos, y procesar los subproductos y residuos orgánicos para su compostaje y posterior empleo como fertilizantes agrícolas.

- **Creación de valor**

1- Cualquier aumento importante en la productividad produce un impacto positivo en términos de desarrollo económico y sostenibilidad, con independencia del efecto directo que puedan tener los modelos circulares en sectores específicos. El modelo circular, como mecanismo para replantear el modelo de desarrollo, es un poderoso marco de impulsión, capaz de generar soluciones creativas y sostenibles, y de estimular la innovación. Esta constatación confirma la posibilidad de generación de una serie de escenarios transformativos de creación de valor, que se expande a medida que las tecnologías y modelos de negocio circulares se diseminan a escala global. Durante el período de transición hacia la economía circular, es probable que aparezcan nuevos modelos de negocio y tecnologías que actúen como catalizadores dentro de este contexto.

- **Creación de empleo**

Los modelos de producción que implican el uso de tecnologías derivadas de la digitalización y de la automatización, están destinados a generar empleos de alta especialización. Desde este punto de vista, la adopción de la economía circular, cuyo desarrollo debe ser llevado a cabo mediante el uso generalizado de sistemas de producción, distribución y servicios vinculados al uso de dichas tecnologías, puede contribuir al fomento del empleo, tanto desde el punto de vista cualitativo como cuantitativo.

Por otro lado, la economía circular trae también consigo la generación de mayor empleo local, especialmente en puestos de trabajo de baja y media especialización, lo que permite afrontar uno de los problemas más serios que afectan a las economías de los países desarrollados: el desempleo y el empleo precario y de baja calidad.

Los nuevos nichos de empleo pueden inicialmente parecer modestos en cuanto a su impacto, y manifestarse solamente en mercados muy específicos. Pero es previsible que con el paso de los años los modelos de negocio basados en la circularidad representen ventajas competitivas importantes, porque en sí mismos serán capaces de crear interesantes cuotas de valor añadido por cada unidad de recurso utilizada. Además, es probable que cumplan también con otros requerimientos del mercado, asociados a garantizar la seguridad en el suministro, a ofrecer mayores ventajas para los consumidores, y a contribuir a la reducción de los efectos y costes en materia ambiental.

Los efectos positivos que puede tener en el empleo la adopción de los principios de la economía circular se deben principalmente al aumento de la intensidad del empleo de mano de obra en actividades de reciclaje, recuperación y reutilización, y a la necesidad de cubrir trabajos que requieren de alta cualificación en sectores específicos.

Las nuevas oportunidades laborales no se limitarán a la refabricación y al incremento productivo de las grandes corporaciones, puesto que los efectos positivos de la economía circular sobre el empleo son también susceptibles de obtener en entornos mucho más amplios y diversos. Los empleos se crearán también en numerosos sectores mediante el desarrollo de la logística inversa, en pequeñas y medianas empresas por medio de la innovación, la creatividad y el emprendimiento, así como en la economía basada en los servicios, un sector destinado a ser muy dinámico en el contexto del mundo globalizado.

La circularidad es un concepto holístico, pluridisciplinar y multisectorial, por lo cual es importante diferenciar el impacto neto esperado en el empleo en cada uno de los diferentes sectores en que se implante la economía circular en sustitución del modelo lineal. A largo plazo, el empleo guardará estrecha correlación con la innovación y con la competitividad, hecho que en principio fortalecerá el escenario circular. En este sentido, no se puede dejar pasar una oportunidad estratégica enfocada hacia un futuro más competitivo y más sostenible.

- **Innovación**

Sustituir productos fabricados de modo lineal por bienes circulares por "diseño", así como crear redes logísticas inversas y otros sistemas de apoyo a la economía circular, representan poderosos estímulos para generar nuevas ideas. Entre las ventajas que origina una economía innovadora basada en el ejercicio del "ecodiseño" y de la "ecoinnovación", se incluyen mayores tasas de desarrollo tecnológico, empleo de materias primas derivadas del reciclaje y la recuperación, creación y formación de mano de obra especializada, mejora de la eficiencia energética, y oportunidades de optimizar la competitividad y la rentabilidad de las empresas.

Todo proceso de innovación ha de desarrollarse estimulando la colaboración entre empresas y entre diferentes sectores productivos, para así generar sinergias aprovechando el intercambio de opciones en las cuales se apliquen los principios de la circularidad. La colaboración entre las empresas y los centros tecnológicos, así como el trabajo organizado dentro de diferentes "clúster" de enfoque específico, pueden también contribuir de modo positivo a planificar con agilidad las actuaciones conducentes a la adopción de modelos sostenibles de producción, de negocio y, en consecuencia, de consumo.

En términos de macroeconomía y del mundo globalizado, es evidente que la adopción de los principios de la circularidad no solo representa oportunidades y ventajas para los países industrializados como herramienta preventiva, sino también como instrumento reactivo y corrector frente a aquellas agresiones ambientales que hayan sido generadas como consecuencia de la sobreexplotación y el uso indebido de los recursos. Este planteamiento adquiere aún mayor relevancia en las naciones emergentes, donde la prevención en este ámbito constituye una oportunidad y un instrumento que puede generar claras ventajas tanto desde el punto de vista de la economía y de la competitividad, como de la salud ambiental y de la sostenibilidad del planeta. Tan solo frenar los efectos de la crisis climática mediante la reducción de las emisiones de gases de efecto invernadero y de sus efectos en la intensidad y frecuencia de los desastres naturales, justifica la adopción de los principios de la economía circular como herramienta tanto de gestión como de prevención.

No hay que despreciar el hecho de que muchas naciones avanzadas adoptaron en su día modelos de desarrollo que las condujeron al éxito económico a costa de hipotecar importantes activos y recursos escasos y finitos, los mismos que en principio se intenta hoy proteger para asegurar el crecimiento sostenible. También hay que tener en cuenta que los mercados emergentes son en algunos casos mucho más intensivos en el uso de materias primas que las economías avanzadas, y, por lo tanto, pueden esperar incluso mayores beneficios y ahorros mediante la adopción preventiva de modelos de negocio circulares.

Ventajas de la Circularidad para las Empresas

- **Incrementos de productividad competitividad**

Eliminar residuos de la cadena industrial mediante la reutilización de los materiales a su máximo, permite a las empresas reducir los costes de producción y la dependencia de los recursos primarios. Además, los beneficios de la economía circular no son sólo de índole operativa, sino también estratégica, ni son exclusivos para la industria, porque además benefician a los clientes, usuarios y consumidores, convirtiéndose así en una fuente de eficiencia y de innovación. Adoptando modelos circulares, las empresas se benefician de ahorros sustanciales en materias primas, y de la reducción de los riesgos de suministro y de volatilidad de los precios. Además, el modelo circular les permite incrementar la motivación para desarrollar la innovación y generar puestos de trabajo, mejorar la productividad y la competitividad, y garantizar la estabilidad de la economía a largo plazo.

- **Generación de beneficios**

Las empresas a título particular pueden reducir el coste de los insumos y, en algunos casos, generar flujos de beneficios totalmente nuevos, si funcionan de acuerdo con esquemas circulares. La adopción de enfoques de economía circular en relación con la fabricación puede contribuir a generar ventajas fomentando el ciclo inverso, los circuitos de reciclaje, el alquiler en lugar de la propiedad, la reutilización, el procesamiento de los residuos y excedentes alimentarios, y la valorización energética o la transformación en fertilizantes de residuos orgánicos de diversa naturaleza.

- **Menor volatilidad de los precios y mayor seguridad en los suministros**

El paso a la economía circular supone un menor uso de materias vírgenes y un mayor uso de insumos reciclados, lo que reduce la exposición de las empresas al precio de las materias primas, y genera mayor resiliencia ante esta situación. También se reduce la amenaza de interrupción de las cadenas de suministro por culpa de desastres naturales o desequilibrios geopolíticos, ya que la descentralización de los proveedores ofrece la posibilidad de contar con fuentes alternativas de recursos productivos.

- **Demanda de nuevos servicios empresariales**

La economía circular puede generar demanda de nuevas actividades empresariales, como, por ejemplo, los servicios de recogida y logística inversa, la comercialización a través de plataformas que permitan prolongar la vida útil y la reutilización de los productos, y que faciliten la reincorporación de residuos y subproductos a los circuitos de fabricación, la fabricación de nuevas piezas y componentes, y el reacondicionamiento de productos que requieran técnicas y conocimientos especializados. En la mayoría de los casos, es posible aplicar economías de escala entre fabricantes cuyas actividades sean afines o complementarias, generando sinergias y nuevas oportunidades de negocio para las empresas que comparten los recursos dentro del circuito productivo.

- **Estímulo de mayor interacción con los clientes**

Las soluciones circulares ofrecen a las empresas nuevas formas para interactuar de forma creativa con los clientes. Modelos de negocio, tales como el alquiler o el contrato de arrendamiento ("leasing", "renting") establecen una relación directa y a más largo plazo entre la empresa y sus clientes, ya que el número de contactos entre ellos se incrementa a lo largo de todo el ciclo de vida útil del producto o del servicio. Estos esquemas comerciales ofrecen a las empresas la oportunidad de poder conocer las pautas de uso y consumo que conduzcan a un ciclo íntegro de productos mejorados, a un mejor servicio, y a una mayor satisfacción del cliente. En definitiva, se trata de ajustar la oferta a una demanda más ajustada a las necesidades y expectativas del consumidor.

Ventajas de la circularidad para la Sociedad y para los Ciudadanos

Son especialmente relevantes las ventajas que aporta la adopción de la circularidad a la sociedad civil en general, y a los ciudadanos en particular. Destacan entre ellas los beneficios generados en cuatro áreas que son esenciales a la hora de estimular a las personas a adoptar hábitos y actitudes de consumo alineados con objetivos vinculados a la sostenibilidad.

- **Incremento de la renta disponible**

El análisis de tres de los sectores más importantes para la sociedad: movilidad, alimentación y entorno de la edificación, permite llegar a la conclusión de que el desarrollo económico circular puede incrementar de modo significativo la renta disponible de una familia media, como resultado de la reducción del coste de los productos y servicios, y de la conversión de tiempo improductivo en productivo. Este hecho se hace patente, por ejemplo, si se tiene en cuenta la reducción de los costes derivados de la pérdida de tiempo en desplazamientos ocasionada por la congestión del tráfico.

- **Mejor calidad y menor precio de productos y servicios**

La mejor calidad y el mayor beneficio económico para los ciudadanos pueden obtenerse aprovechando la mejor relación calidad/precio que ofrecen los modelos de producción circulares.

Las opciones de elección por parte de los ciudadanos aumentan, ya que las empresas ofrecen la posibilidad de personalizar los productos o servicios para satisfacer mejor las necesidades "reales" de los clientes, estimulando la adaptación de la oferta a una demanda objetiva, y reduciendo los impulsos que llevan a la compra compulsiva.

- **Reducción de la obsolescencia**

Los productos diseñados y fabricados para durar o para ser reutilizados una y otra vez repercuten en el presupuesto de los ciudadanos y en su calidad de vida.

Si las personas tienen la oportunidad de eludir la obsolescencia, podrán reducir considerablemente los costes totales de propiedad, y dispondrán de mayor comodidad al no estar sometidos a adquirir productos y artículos sujetos a su posterior reparación, eliminación o devolución.

Para lograr este objetivo, resulta esencial diseñar productos y materiales procurando optimizar su ciclo de vida útil.

- **Mejoras en prevención, seguridad, salud y calidad ambiental**

Es un hecho que la contaminación del aire y del agua, la deficiente gestión de residuos y de los recursos hídricos, el vertido incontrolado de aguas residuales, y la carencia de infraestructuras y servicios de saneamiento y potabilización adecuados, favorecen la dispersión de agentes contaminantes, a la vez que constituyen factores de riesgo para la salud y el bienestar de la población. La contaminación atmosférica provoca gran número de muertes al año, y es la principal causa de enfermedades respiratorias y muertes prematuras, motivo por el cual las autoridades sanitarias se ven obligadas a fijar límites estrictos a la hora de controlar las emisiones de los principales agentes contaminantes del aire: dióxido de azufre, amoníaco, compuestos orgánicos volátiles, óxidos de nitrógeno y partículas finas. Las medidas de control van igualmente encaminadas a mejorar la calidad de los ecosistemas y a reducir los agentes causantes del calentamiento global y de la crisis climática.

El deterioro del paisaje y del territorio, manifestado como consecuencia de la degradación de bosques, lagos y cuencas hidrográficas, y el impacto visual que genera la gestión deficiente e incontrolada de residuos, son también fenómenos que el modelo circular contribuye a frenar, evitando que erosionen la salud ambiental, el bienestar y el estado emocional de las personas.

Ventajas Ambientales de la Economía Circular

La aplicación de los principios y fundamentos de la Economía Circular tiene repercusiones directas e indirectas sobre la calidad del medio ambiente, al favorecer las opciones preventivas y correctoras que conducen a la sostenibilidad. Entre las ventajas y beneficios que la circularidad genera en este ámbito, destaca su influencia en las áreas reseñadas a continuación.

- **Prevención de riesgos y conservación de recursos naturales**

Nadie discute hoy la necesidad de tomar medidas para evitar las catástrofes y desastres naturales que acosan cada día con mayor frecuencia e intensidad a países del mundo entero, todas ellas resultado de no tomar a tiempo las medidas para evitarlas o para reducir sus efectos negativos. Se cuenta actualmente con medios, métodos y sistemas que los avances tecnológicos ponen a disposición para ser empleados con éxito en la prevención de este tipo de calamidades, entre los cuales, por citar los más conocidos, están la meteorología, las herramientas de geolocalización vía satélite, las técnicas avanzadas de gestión agropecuaria, forestal y de recursos hídricos, y las opciones de formación, divulgación y sensibilización pública por la vía de Internet y de las redes sociales. Todo ello, contando con la contribución que, en materia de vigilancia ambiental, deben prestar de modo organizado las fuerzas responsables del orden público.

Aplicada con proyección transversal en el ámbito planetario, la prevención en materias ambientales constituye para los países industrializados un reto de obligado cumplimiento y una valiosa alternativa para frenar el deterioro de los recursos de la tierra, y asegurar por esta vía su sostenibilidad. También representa para ellos una herramienta reactiva de gran valor a la hora de corregir los efectos negativos a los cuales han conducido modelos de desarrollo y de progreso marcados por la irresponsabilidad, la imprudencia y el ejercicio del despilfarro.

En naciones emergentes, aplicar criterios preventivos constituye un ineludible compromiso, pero también una verdadera oportunidad, aquella que surge de aprovechar el análisis de los errores ajenos del pasado, extraer de ellos las lecciones pertinentes, y capitalizar todo este conjunto en beneficio de la adopción de iniciativas políticas, sociales y económicas que conduzcan a la consolidación de un planeta acogedor, equilibrado y estable.

La adopción de los principios circulares constituye una sólida base para poner en práctica los fundamentos de la sostenibilidad, pero este enfoque no solo debe ser aplicado a la gestión de los recursos, sino también a todo lo referente a los residuos, área en la cual no solo se ha de hablar de prevención en términos cuantitativos, sino también en sentido cualitativo, puesto que la prevención cualitativa consiste en reducir la peligrosidad de los residuos para evitar efectos nocivos en los seres vivos y el medio ambiente.

- **Reducción de emisiones de dióxido de Carbono y otros contaminantes**

El desarrollo económico circular puede contribuir a reducir considerablemente las emisiones de dióxido de carbono y otros contaminantes ambientales, especialmente de las relacionadas con la movilidad y el transporte, el sector agroalimentario, la alimentación y el entorno de la edificación. Similares resultados se pueden obtener evitando que los residuos orgánicos sean depositados en vertederos.

- **Reducción del consumo de materias primas**

Orientando la producción por el camino del desarrollo económico circular, es posible reducir sustancialmente el consumo de materias primas vírgenes como resultado de la optimización del uso de materiales y demás recursos empleados en sectores industriales diversos, en la construcción, aplicando políticas circulares en el empleo de fertilizantes sintéticos, pesticidas y uso del agua en la agricultura, y reduciendo el consumo de combustibles fósiles y energías no renovables.

- **Mejora de la productividad y de la calidad del suelo**

El deterioro del suelo supone en todo el mundo un elevado coste, sin dejar de lado los valores ocultos derivados del aumento del uso de fertilizantes, de la pérdida de biodiversidad y de la degradación de entornos paisajísticos singulares. Aplicando los principios de la economía circular es posible incrementar la productividad del suelo, reducir los residuos en la cadena de valor de la alimentación, y recuperar el valor de la tierra y del suelo como activos, al devolverles los nutrientes mediante la acción espontánea de los mecanismos naturales y resilientes de los ciclos biológicos.

Al movilizar el material biológico a través de procesos de compostaje o de digestión anaeróbica para luego devolverlo al suelo, la economía circular permite reducir la necesidad de reposición mediante el empleo de nutrientes adicionales. Por este conducto, el uso sistemático de los residuos orgánicos como fertilizantes puede ayudar a regenerar el suelo y a sustituir los abonos químicos en cantidades dignas de consideración. Si se actúa de acuerdo con un enfoque económico circular y de "regeneración dinámica" en la agricultura, el consumo de fertilizantes sintéticos puede ser reducido de modo significativo.

- **Reducción de externalidades negativas**

Es fácil deducir que la economía circular propicia la gestión eficaz de las externalidades negativas, tales como el mal uso del suelo, la contaminación del aire y del agua, el vertido de sustancias tóxicas, y la crisis climática.

Un claro ejemplo de externalidad negativa lo constituye la pérdida de tiempo ocasionada por la congestión del tráfico de vehículos en ciudades y carreteras. La adopción de modelos circulares en el ámbito de la movilidad y del transporte puede beneficiar a los ciudadanos al inducir, mediante estrategias adecuadas, nuevos modelos de comportamiento y de trabajo en este terreno, así como en el sector urbanístico.

La Circularidad, fuente generadora de retos y oportunidades en el contexto mundial

El actual contexto mundial, complejo, confuso y volátil, obliga a las naciones, a las empresas y a la sociedad, independientemente de su tamaño o condición, a asumir paradigmas transgresores y disruptivos. El "modelo circular" esboza los retos y las oportunidades a tener en cuenta para asegurar un futuro sostenible en el escenario global.

Son destacables la importancia y las ventajas de la adopción de estrategias que apuesten por la sostenibilidad del planeta en el actual contexto mundial. Esta realidad conduce a reflexionar en relación con las medidas y decisiones que es necesario aplicar centrando el enfoque dentro de la perspectiva de las diferencias existentes entre las naciones industrializadas y las emergentes, y entre las grandes y pequeñas empresas.

Si se tiene en cuenta las especiales características de la economía del mundo globalizado, es evidente que la adopción de los principios de la circularidad no solo representa oportunidades y ventajas para los países industrializados como herramienta preventiva, sino también como instrumento reactivo y corrector de obligado empleo para paliar los efectos de las agresiones ambientales producidas como resultado de la sobreexplotación y el uso indebido de los recursos.

Este planteamiento adquiere especial relevancia en los países emergentes, donde la acción preventiva constituye una oportunidad, un reto y un instrumento susceptible de generar claras ventajas, tanto desde el punto de vista de la economía y de la competitividad, como de la salud ambiental del planeta. Tan solo frenar los efectos del calentamiento global y de la crisis climática mediante la reducción de las emisiones de gases de efecto invernadero y de sus efectos en la generación de desastres naturales, justifica la necesidad de adoptar los principios de la economía circular, tanto como herramienta de gestión como de prevención.

Tanto en las naciones industrializadas como en las emergentes, la circularidad puede jugar un rol importante en la transformación de los modelos de producción y consumo, lo cual, junto con la adopción de actitudes responsables por parte de empresas y consumidores en relación con el ciclo de vida de los productos y servicios, libera el potencial de este modelo como herramienta regeneradora y preventiva. El cambio de los modelos de consumo, producción y distribución constituye un factor de impulso y de creación de sinergias para lograr que el desarrollo y el progreso conduzcan hacia la sostenibilidad integral, aprovechando los beneficios que crean las acciones enfocadas con criterios preventivos. Esta es la única vía para evitar repetir los errores especulativos y el despilfarro de épocas pasadas, y para propiciar la participación en esta nueva estrategia de todos los sectores, tanto del ámbito público como privado.

El éxito de la adopción de la economía circular a nivel mundial, dentro de un contexto de globalización, de cambios de paradigmas, de avances acelerados de la tecnología, y de la necesidad de cambios de los modelos de comportamiento social, está supeditado de modo ineludible a la erradicación de conflictos de intereses, desequilibrios geopolíticos y tensiones sociales que amenacen su viabilidad y su adopción como alternativa para el desarrollo sostenible. En igual sentido, la eliminación de barreras de todo tipo constituye un requisito esencial para favorecer la transversalidad de las iniciativas circulares y la distribución y uso equitativo de todos los recursos del planeta.

2 – Modelos responsables de Producción y Consumo

La realidad se muestra cada vez más compleja e incierta. Los efectos del calentamiento global sobre el clima, la necesidad de apostar por una economía baja en carbono, las innovaciones tecnológicas y de los procesos de producción, el crecimiento demográfico, y los cambios en los modelos de consumo, conducen a provocar el aumento de la alarma social. A todo ello es preciso añadir el requisito de modificar los paradigmas de comportamiento individual con el fin de hacer frente a la reivindicación del estado de bienestar por parte de la comunidad.

Fruto de la revolución industrial y del auge del productivismo surgió en su día la lógica empresarial en función de la cual era necesario vender más productos para incrementar la rentabilidad, lo que llevó al fuerte incremento del consumo de energía y de recursos. Este razonamiento ha estimulado durante años a los consumidores a renovar los productos antes de lo necesario, dando lugar al estímulo de la compra compulsiva e innecesaria, caldo de cultivo para el ejercicio de la obsolescencia programada por parte de la industria, una práctica que condiciona el diseño para dirigirlo hacia el fallo prematuro, y que inclina la fabricación hacia la producción de artículos de difícil reparación y reutilización.

La denuncia de estas prácticas ha provocado que la lucha contra la obsolescencia se incorpore a las agendas reivindicativas de la sociedad como una pieza clave para la innovación y el desarrollo sostenible. Ante la perspectiva de un aumento de la vida útil de los productos y la posible reducción de ventas asociada a esta nueva realidad, las empresas deben introducir nuevos modelos de negocio para complementar su facturación, enfocando su actividad a la prestación de servicios, y no necesariamente a la venta en propiedad de los artículos.

La colaboración eficaz entre cadenas de producción y entre sectores según esquemas de alianzas estratégicas o simbiosis, ayuda al establecimiento a gran escala del sistema circular. Para ello, iniciativas como el desarrollo conjunto de productos y sistemas de recogida y selección de residuos y subproductos, la transparencia posibilitada por la digitalización y el intercambio de información, los estándares sectoriales, y los mecanismos de intermediación, deben ponerse en marcha junto con el establecimiento de plataformas colaborativas, contando con el apoyo de las correspondientes políticas de fomento.

Los nuevos modelos de negocio basados en enfoques sostenibles permiten la reducción del impacto asociado al consumo de materias primas y a la generación de residuos, asegurando la competitividad en el mercado. Según esquematiza el diagrama incluido al final del presente capítulo, el desafío consiste en aproximar el ciclo de producción industrial al ciclo natural, procurando conciliar los intereses del sector productivo y de servicios con actitudes que garanticen la sostenibilidad de los recursos naturales y la protección del medio ambiente.

Cualquier nuevo modelo de negocio ha de ser viable y rentable, e ir acompañado de cambios sustanciales en los esquemas organizativos y de desempeño personal. Por su carácter disruptivo y transgresor, los nuevos modelos de producción que favorecen la sostenibilidad dan a menudo la sensación de ser incómodos y perturbadores. Frente a esta realidad, surgen en la sociedad civil modelos de uso y consumo responsables según los cuales las nuevas generaciones de consumidores optan por servicios que les permiten acceder a productos como "usuarios", en lugar de proveerse de estos como "propietarios". A este fenómeno se le denomina "Servitización". Según este modelo, los consumidores y las empresas buscan aquellas propuestas de valor que mejor satisfacen sus necesidades, y esto se consigue cuando el proveedor está cerca del cliente, y le ofrece soluciones que no necesariamente pasan por la venta de productos.

La industria debe convertirse en un proveedor de servicios que va más allá de la simple fabricación. Debe procurar mantener una relación más directa con sus clientes una vez que ha vendido sus productos, y conocer las funciones o usos más solicitados, adecuando sus diseños y desarrollos no a la imposición de la oferta, sino a las preferencias y a la demanda razonada de usuarios motivados por el consumo responsable y suficiente.

3 - Digitalización y "Big Data"

El desarrollo tecnológico ha democratizado el acceso a las herramientas de diseño y fabricación, a través de la generalización de internet y la reducción de los precios del software. Esta realidad da paso a una nueva generación de emprendedores que revolucionan el actual modelo de fabricación lineal, basado principalmente en la estandarización y en grandes volúmenes de producción, proponiendo a cambio modelos de negocio más flexibles y adaptados a la producción de bienes y servicios ajustados a las necesidades reales de los consumidores. Pero si se parte de la base de que tomar decisiones objetivas requiere disponer de información fiable, es indispensable reivindicar el conocimiento como la herramienta fundamental para formular conclusiones con máximo rigor.

El conocimiento por sí mismo solo genera una explosión inconexa de datos no relacionados entre sí, y para que sea de utilidad, se debe proceder a vertebrarlo de modo coherente para permitir establecer una visión holística de los nuevos paradigmas derivados de los principios de la sostenibilidad. En otras palabras, el "conocimiento" como tal debe materializarse en "talento", para así transformarlo en una herramienta que permita alcanzar objetivos concretos mediante el desarrollo de acciones basadas en la objetividad y en el dominio de criterios de racionalidad.

Big Data, concepto también denominado "datos a gran escala", es una herramienta de gran valor a la hora de capturar, almacenar, analizar y visualizar datos que permiten investigar numerosos aspectos en cualquier sector de actividad. Desarrollar estrategias dirigidas a la sostenibilidad implica, entre otros requisitos, manipular enormes volúmenes de información, que han de ser asimilados con objetividad, para luego ser aprovechados con eficacia en beneficio de la sostenibilidad.

Big Data es un concepto que hace referencia al almacenamiento de grandes cantidades de datos, y a los procedimientos usados para encontrar dentro de dichos datos los patrones susceptibles de ser empleados en múltiples esferas del mundo de la empresa y de la investigación. Es una tecnología que posibilita un enfoque de entendimiento y toma de decisiones, utilizado para procesar grandes cantidades de datos estructurados, no estructurados y semiestructurados, con información muy variada, que pueden ser representados de diversas maneras, y cuyo análisis requiere de una velocidad de respuesta rápida para obtener la información correcta en el momento preciso. Ello es posible gracias al hecho de que la conectividad entre empresas, dispositivos y usuarios es cada vez mayor, y que la adecuada gestión de la información abre posibilidades de gran valor para la optimización del uso de los recursos. Como resultado, las técnicas de Big Data permiten análisis descriptivos a partir de los cuales es posible elaborar predicciones y efectuar prescripciones fundamentadas en la correlación y el tratamiento integrado de la información procesada. En síntesis, esta herramienta permite transformar "datos" e "información" en "conocimiento".

La disciplina Big Data, orientada a los datos masivos, se enmarca en el sector de las tecnologías de la información y la comunicación, y se ocupa de todas las actividades relacionadas con los sistemas que manipulan grandes conjuntos de datos. Las dificultades más habituales vinculadas a la gestión de importantes volúmenes de información se centran en la recolección, el almacenamiento, la búsqueda, el uso compartido, el análisis, y la visualización. La tendencia a manipular enormes cantidades de datos se debe en muchos casos a la necesidad de emplear dicha información para la creación de informes estadísticos y modelos predictivos utilizados en diversos sectores, tales como el análisis de negocios, la publicidad, los datos sobre enfermedades infecciosas y epidemias, el seguimiento demográfico, y el control ambiental.

La explosión de la obtención y análisis de datos mediante Big Data, junto con los nuevos modelos de gestión, están destinados a inducir el cambio de funciones de los actores de la era global, que contarán con más y mejor información a la hora de establecer estrategias de acción con objetividad y transparencia. Los nuevos modelos de producción y prestación de servicios serán más relacionales, holísticos, sistemáticos y colaborativos, basados en la inteligencia artificial y las tecnologías digitales, que obligarán a repensar los diferentes procedimientos, y a centrarlos en los ciudadanos apostando por la sostenibilidad.

Son numerosas las aplicaciones y plataformas basadas en la digitalización y en el Big Data que permiten gestionar actividades aplicando los principios de la economía circular, permitiendo avanzar hacia la sostenibilidad, prevenir y evitar riesgos, y optimizar procesos y sistemas de producción y control. Estas aplicaciones, al igual que otros instrumentos circulares, constituyen valiosas herramientas que permiten efectuar análisis extensos y detallados en diferentes sectores de actividad susceptibles de beneficiarse de sus ventajas.

4 - Industria 4.0

A finales del siglo XVIII emergió la primera revolución industrial, dando lugar a la fabricación de productos con la ayuda de máquinas accionadas por medio de agua y vapor. La segunda revolución se produjo a principios del siglo XX con la introducción de las cadenas de montaje para producción en serie y a gran escala, accionadas por medio de energía eléctrica. La tercera nació en la década de 1960, con la llegada de las tecnologías digitales, el desarrollo de los semiconductores y los ordenadores, y culminó con la explosión de internet en la década de los años 90. Sin embargo, las tres primeras revoluciones industriales se desarrollaron en momentos históricos en que se consideraba erróneamente que se contaba con recursos infinitos, y que las emisiones de gases producidas en los procesos productivos no tenían ninguna consecuencia negativa para las personas y el medio ambiente.

Durante los últimos años, el impacto que ha tenido la actividad humana en el uso de los recursos y en la generación del calentamiento global ha quedado plenamente demostrado, no solo mediante el análisis de los registros históricos que dan cuenta del aumento de la temperatura del planeta desde el siglo XIX, sino también a través de la observación de los graves desastres naturales ocurridos durante los últimos años en distintas partes del mundo. De allí la necesidad de poner en marcha nuevos modelos productivos, económicos y sociales que permitan afrontar esta situación de modo innovador, eficiente y sostenible, sin hipotecar el futuro de las generaciones venideras.

En 2011 se acuñó en Alemania el término Industria 4.0 para referirse a la informatización, digitalización y automatización de la fabricación, lo que se considera como la cuarta revolución industrial. Se caracteriza por la incorporación masiva de las tecnologías de la información a todas las cadenas de valor de los procesos relacionados con la industria. Esta integración se traduce en la interacción y optimización de los procesos de investigación y desarrollo, diseño, producción, logística y prestación de servicios asociados. La clave del concepto radica en el flujo de información a través de las capas organizativas de la empresa y a través del ciclo de vida del producto. Para conseguir esta fluidez, es necesario conectar lo que hasta ahora eran "nichos" de sistemas aislados y distanciados entre sí. La cuarta revolución industrial utiliza la inteligencia artificial y la información en tiempo real para aumentar la productividad y reducir los costos. Se caracteriza por la confluencia de tres grandes retos: asimilar los avances tecnológicos desarrollados por la Industria 4.0, asumir el cambio de los modelos de producción, consumo y distribución desde un modelo lineal hacia la circularidad, y afrontar de manera efectiva la mayor amenaza a la que se ha visto expuesto el ser humano en toda su historia: la crisis climática.

La optimización del uso de los recursos naturales y de materias primas entra directamente en el terreno de la industria manufacturera, en cuyo ámbito es posible aplicar opciones circulares de comprobada eficacia. Destacan en este sentido las aportaciones de la digitalización, de la robótica, del uso de sensores, y de la automatización de los procesos industriales, todos ellos componentes fundamentales de la Industria 4.0.

La adopción de procedimientos de fabricación ajustados al modelo industrial del Siglo XXI constituye un requisito ineludible para cualquier empresa que desee apostar por objetivos de sostenibilidad. En cualquier sector de actividad, este planteamiento compromete tanto a la industria pesada en general, como a los fabricantes de equipos, materiales y productos empleados o consumidos en múltiples entornos de actividad.

La adopción de modelos de producción circulares ofrece valiosas oportunidades para alcanzar objetivos de sostenibilidad integral. Para optimizar sus efectos es conveniente llevarlos a la práctica utilizando las herramientas que hoy ofrecen la cuarta revolución industrial y las tecnologías asociadas a la Industria 4.0. El análisis prospectivo sobre la evolución, las tendencias y la proyección histórica de la industria y de la economía mundial, destaca el papel relevante que en este terreno puede desempeñar la economía circular utilizando los citados instrumentos.

Uno de los principales puentes entre el mundo físico y el virtual en la Industria 4.0 es el llamado "Internet de las Cosas" (IoT – Internet of Things), apoyado por el "Cloud Computing" o bases de datos "en la nube", que permiten trabajar con grandes volúmenes de información. Además, la reducción de los costes de producción de sensores permite hoy en día la conexión masiva de billones de estos instrumentos a sistemas utilizados en distintas empresas y actividades de todo el mundo. Esta realidad da lugar a un cambio radical en los modelos de producción, consumo y distribución, redefiniendo los esquemas de interrelación con productos y servicios, permitiendo la optimización operativa a través de la monitorización y el control en tiempo real.

La principal característica de la Industria 4.0 es la interconexión de procesos, productos y servicios, a través de la utilización masiva e intensiva de internet móvil, de sensores y de inteligencia artificial, permitiendo la optimización de la eficiencia de un modo integral. Se la define como un procedimiento de fabricación "inteligente", digitalizado, en el cual todos los procesos se interconectan y relacionan entre sí, dando lugar a la creación de oportunidades de innovación y al incremento de la productividad y de la competitividad. Además, la automatización, la robótica, el IoT y el "big data", entre otros catalizadores, crean el caldo de cultivo idóneo para que la Inteligencia Artificial (IA) induzca cambios en la manera en que las fábricas operan y entienden la producción a gran escala.

La inteligencia artificial aporta beneficios importantes, como son la mejora de los procesos, la reducción de los costes, el mejor uso de los recursos, la reducción de errores de producción, y genera más calidad y mayor eficiencia. A todo ello, se suman las ventajas que aportan al proceso las técnicas representadas por los llamados "sistemas ciberfísicos", en los cuales se integran con efecto sinérgico la digitalización y la automatización con los procedimientos industriales clásicos.

5 - Ecoinnovación – Ecodiseño

La ecoinnovación es un elemento importante para cerrar el bucle del ciclo de vida de los productos, y estimular nuevos modelos de negocio basados en el uso más eficiente de los recursos. Consiste en la introducción en el ciclo productivo de productos, servicios, procedimientos, cambios organizativos o estrategias comerciales, que contribuyan a reducir el empleo de recursos naturales, incluidos materias primas, energía, agua y suelo, y a reducir la emisión de sustancias perjudiciales a lo largo de todo el circuito. De acuerdo con este planteamiento, el producto es diseñado para permitir un reciclaje óptimo al final de su vida útil, a la vez que los residuos generados durante su fabricación se convierten en recursos para otros procesos, generando valor y empleo en el ámbito local. En su esencia, representa una estrategia de negocio que incorpora la sostenibilidad en todas las operaciones, con un enfoque sistemático hacia toda la cadena de valor.

La sostenibilidad y la ecoinnovación han pasado a ser un imperativo que permite gestionar los riesgos y oportunidades económicas, ambientales y sociales. El hecho de no prestarles atención puede suponer una amenaza a largo plazo para el negocio. Ya no se trata sólo de reducir costes o de ganar eficiencia: estas opciones facilitan también ganar ventajas competitivas a través del posicionamiento más procedente de productos, servicios y marcas.

El Ecodiseño es utilizado en la industria para asegurar, desde el principio de su producción, la sostenibilidad de los productos, y reducir los costes de fabricación. Para ello se desarrollan modelos y guías para orientar la manufactura sobre esta base y con dicho propósito. En cualquier ámbito de actividad, sobre todo en aquellos que se caracterizan por su alto poder generador de residuos y subproductos, la adopción de los principios del ecodiseño está claramente justificada.

Lo que se pretende con las estrategias de ecoinnovación y ecodiseño, es orientar la fabricación a la optimización de los productos, tanto desde el punto de vista económico como social y ambiental, partiendo desde su diseño, procurando prolongar al máximo su ciclo de vida útil, y facilitar su reciclaje o recuperación al final de dicho ciclo. Las estrategias de ecodiseño están encaminadas a:

- Mejorar los productos en sus funciones y prestaciones.
- Satisfacer las motivaciones y necesidades "reales" de los usuarios y consumidores.
- Seleccionar materias primas de bajo o nulo impacto ambiental, y reducir el consumo de recursos durante su fabricación.
- Emplear tecnologías sostenibles en los procesos productivos.
- Facilitar las opciones de mantenimiento, reparación y reacondicionamiento de los productos para maximizar su vida útil.
- Disminuir el impacto ambiental en el uso de materiales y equipamientos.

- Reducir el consumo de recursos y materiales en la fabricación y en el uso de los artículos.
- Minimizar el impacto ambiental en la etapa final del ciclo de vida de los productos, y favorecer las opciones de valorización y reciclaje.

6 - Economía colaborativa

El consumo colaborativo, también conocido como economía colaborativa, consiste en la interacción entre varios sujetos para satisfacer determinadas necesidades. Actualmente esta interacción se ve facilitada por el auge de los medios digitales, tales como plataformas y aplicaciones informáticas, que facilitan el contacto entre la oferta y la demanda. Desde diversos frentes es posible promover con cierta agilidad este tipo de consumo, que tiene por objeto fomentar el intercambio de recursos, materiales, conocimientos, habilidades y capacidades que a menudo son infrautilizados.

La colaboración eficaz entre cadenas de producción y consumo, y también entre diferentes sectores, según esquemas de alianza estratégica o simbiosis, es imprescindible para el establecimiento a gran escala de un sistema sostenible. El desarrollo conjunto de productos y sistemas de recogida y selección de residuos y subproductos, la transparencia posibilitada por la informática y el intercambio de información, los estándares sectoriales, la armonización de incentivos, y los mecanismos de intermediación, deben ponerse en marcha junto con el establecimiento de plataformas colaborativas entre las partes implicadas, contando con el apoyo de las correspondientes políticas de fomento. Entre otras ventajas, los esquemas de colaboración entre empresas permiten que los residuos generados por una determinada actividad sirvan de recursos productivos para otras, aunque sean de sectores diferentes.

La colaboración es un elemento esencial para la sostenibilidad y la transición hacia una economía verde. La interacción e intercambio de conocimiento y recursos entre empresas, la administración y las esferas gubernamentales permite sumar esfuerzos, desarrollar sinergias y alcanzar objetivos más amplios. Facilitar estrategias de esta naturaleza puede ayudar a crear espacios de encuentro, tanto físicos como virtuales, para estimular nuevas formas de relación e interacción. Un ejemplo de ello son las plataformas de intercambio de recursos, gracias a las cuales es posible identificar oportunidades de colaboración, como aprovechar ciertos residuos como recursos entre diferentes empresas, estrategia conocida como simbiosis industrial.

A título de ejemplo cabe destacar las oportunidades que ofrece la economía colaborativa en el sector del equipamiento, donde es posible promover los principios de la circularidad enfocados a la sostenibilidad en las siguientes áreas:

- Alquiler de equipos.
- Renovación y reparación de equipos.
- Recuperación y Actualización de equipos.
- Uso compartido e intercambio de equipos e instalaciones.

- Centrales de compras compartidas con multiproveedores.
- Mercados de equipos de segunda mano.
- Proveedores de fungibles y accesorios para asegurar el mantenimiento de los equipos a lo largo de toda su vida útil.

7 - Servitización

Numerosas estrategias se enfocan actualmente al desarrollo de modelos de negocio "servitizados", que cambian el concepto de "propiedad" por el de "uso" o "pago por servicio". Adoptando este modelo, empresas de diversos sectores evolucionan con ventajas desde etapas como la compra de productos o la simple adquisición de bienes, hasta la contratación de servicios y soluciones integrales. Esto posibilita que las empresas paguen, bajo la forma de fórmulas como el "renting" o el "leasing", solo por el uso de equipos, que son mantenidos y actualizados por el fabricante. La servitización puede al mismo tiempo conducir a mejoras de eficiencia, a reducción de costes, al menor uso de recursos, así como a la creación de valor en toda la cadena circular.

El concepto "Smart", factor de conexión de las Herramientas para la Sostenibilidad

Desde que el teléfono móvil inteligente pasó a denominarse "smartphone", el término anglosajón "smart" es a menudo utilizado para definir diversas tendencias asociadas al surgimiento de la digitalización y de la Industria 4.0, fenómenos indisociables de la aplicación de los principios y fundamentos de la economía circular, y de la generalización del término "sostenibilidad".

Utilizar el prefijo "smart" es una modalidad lingüística que se adopta con espontaneidad y soltura, a veces de modo imprudente, para definir conceptos y aplicarlos a diferentes esferas del entorno social, industrial y económico. Es un término comúnmente utilizado como adjetivo para describir una persona "inteligente", "lista" o "experta", y que por extensión se relaciona con la utilización de las tecnologías avanzadas. Asociado a la lucha por la sostenibilidad, propuesta holística que hoy se plantea como condición ineludible para asegurar la estabilidad integral del planeta, y a la urgencia de desterrar los hábitos de producción y de comportamiento social que amenazan la disponibilidad de recursos, el término "smart" adquiere en estos momentos especial notoriedad.

Buena parte de los principios y fundamentos de la economía circular, pilar de la sostenibilidad, están basados en la manera y en la intensidad con que evoluciona la tecnología, particularmente en los ámbitos de la digitalización y del procesamiento de la información. El auge de fenómenos como el "big data", la automatización de los procesos industriales, y la difusión a gran escala de técnicas basadas en sensores, son algunos indicadores de que muchas operaciones pueden ser dirigidas y controladas de modo rápido y eficaz en diversos sectores de actividad.

Es un hecho comprobado que la adopción de la circularidad aporta indiscutibles ventajas en la gestión de los ocho ámbitos más relevantes del actual contexto económico y social: las ciudades, los recursos, el medio ambiente, la industria, la agricultura, el agua, la energía y los residuos. Pero también, de modo directo o indirecto, la circularidad influye positivamente en una serie de actividades transversales que interactúan globalmente de modo dinámico, dando lugar a valiosas sinergias generadoras de valor. Por tratarse de fenómenos que causan impacto mediático, pero también de situaciones expuestas al capricho de las "modas", se les aplica el término "smart" para destacar su importancia en la transformación de los hábitos convencionales de la sociedad civil.

Tanto detrás de la circularidad como del fenómeno "smart" y de sus diferentes manifestaciones, está el hecho de que hoy, más que nunca en la historia de la humanidad, se dispone de herramientas que favorecen la emergencia y la evolución de ambos fenómenos a ritmo acelerado. Entre otras, cabe destacar las ya citadas "big data", "digitalización", "IoT" ("Internet of Things"), así como la robótica, la sensórica, la geolocalización, la industria 4.0, y todas aquellas iniciativas que requieren la aplicación de los principios de gobernanza transversal, única ruta conducente al logro de la sostenibilidad integral.

A continuación, se describen los principales ámbitos en los cuales la adopción de este término se relaciona con los principios de la circularidad y de la sostenibilidad.

Smart City

Este término identifica el empleo del concepto "smart" por excelencia, ya que es en el ámbito urbano donde primero se empezó a utilizar, y donde ha adquirido su máxima relevancia como símbolo de expresión descriptiva. Actualmente, y durante los próximos años, se manifestarán numerosos procesos de transformación social y económica, impulsados por la tecnología, que supondrán la implantación de cambios sustanciales en casi todos los sectores de actividad económica. Los nuevos paradigmas tendrán en las ciudades, núcleos de amplia diversidad ambiental y social, su máxima expresión, y serán los responsables de los entornos urbanos los que deberán liderar estos cambios con especial rigor y sentido de la responsabilidad.

Si el aumento continuo de la urbanización se afronta con la adopción de los principios de la economía circular, será posible reducir el coste asociado a muchos servicios urbanos, tales como la logística, la movilidad, la gestión de la energía y de los recursos hídricos, y el tratamiento de residuos. Al margen de la optimización de los métodos tradicionales disponibles para controlar estos aspectos en zonas urbanas, las innovaciones vinculadas a la emergencia del fenómeno "smart city" pueden generar interesantes mejoras en estos ámbitos, y lograr avances sustanciales en este terreno al propiciar la toma de conciencia y la adopción de hábitos de consumo responsables por parte de la ciudadanía.

Las ciudades, al concentrar personas sobre territorios geográficos reducidos, constituyen un escenario perfecto para apostar por la sostenibilidad. Actúan como un eficaz caldo de cultivo para la innovación, al tiempo que facilitan el intercambio de recursos, energía e información, y disponen del número de ciudadanos necesario para probar nuevos modelos de gestión. En las ciudades es posible procesar y utilizar gran variedad de datos para optimizar, orientar y controlar la eficacia de diversos sistemas, tales como la vivienda, la salud, el trabajo, la energía, la movilidad, el transporte, la logística, los recursos hídricos y los residuos, aspectos que adquieren especial relieve si se tiene en cuenta que las ciudades, entre otras variables, consumen el 75% de la energía producida, y generan el 80% de las emisiones globales de CO_2.

Si la "smart city" se plantea sobre la base de la aplicación de los principios de la circularidad, las ventajas que se pueden conseguir desde el punto de vista de la sostenibilidad son importantes. El enfoque holístico y sistemático de la circularidad permite optimizar en las ciudades el uso de un sinnúmero de recursos y procedimientos encaminados a hacer de ellas unidades seguras y sostenibles de modo integral. En esencia, las ciudades inteligentes conforman auténticos ecosistemas que agrupan a diversos grupos de interés, comprometiéndolos a un esfuerzo conjunto para estimular el desarrollo económico y la conservación del medio ambiente.

Las áreas más destacables en las que las prácticas circulares contribuyen a consolidar el concepto "smart city" son las siguientes:

- La integración inteligente de la digitalización y de las herramientas informáticas para gestionar con eficacia el conjunto de organizaciones y sistemas que configuran el complejo tejido urbano. Las ciudades inteligentes deben ser diseñadas y planificadas con el objetivo prioritario de mejorar la calidad de vida de sus habitantes mediante la informática y la tecnología, procurando optimizar la eficacia y la eficiencia de todos los servicios.
- La racionalización de la logística, la movilidad y el transporte público mediante el establecimiento de esquemas intermodales de tráfico regulados con sensores digitales y monitorización en tiempo real.
- La reducción y racionalización del consumo de agua y energía mediante el establecimiento de redes de distribución inteligentes, el empleo de equipos y sistemas de bajo consumo, el diseño de edificios sostenibles, y el uso de energías renovables.
- El control detallado de la trazabilidad y la logística de recogida, selección, reciclaje, reutilización y valorización de todo tipo de residuos y materiales generados en el entorno urbano, mediante técnicas de sensórica y geolocalización.
- El empleo de tecnologías avanzadas en los procesos de recogida, selección y reciclado de enva-

ses y otros residuos mediante plataformas tipo "Smart Waste", herramientas de gestión de información y análisis de datos para mejorar la eficiencia y la calidad de los servicios municipales de gestión de residuos.
- La gestión optimizada de residuos mediante contenedores inteligentes, modelos de vehículos de recogida más respetuosos con el entorno, e incorporación de sistemas de robótica en el tratamiento de residuos, adoptando en las plantas de tratamiento los métodos de la Industria 4.0.
- La reducción de emisiones contaminantes y gases de efecto invernadero mediante estrategias, métodos, sistemas y herramientas que permitan asegurar las mejores condiciones ambientales, de seguridad y de salud, y garantizar la sostenibilidad del ecosistema urbano.
- La implantación del concepto "Smart Building" en el sector de la edificación, utilizando métodos de construcción biosostenibles, e introduciendo elementos de la naturaleza en los edificios con la adopción del concepto "Biofilia".

Smart Agro

El sector agrícola tiene el reto de alimentar a más de 9.000 millones de personas y aumentar un 70% la producción de alimentos de aquí al año 2050. Urge una profunda revolución tecnológica para hacer que las explotaciones en el campo sean más productivas, rentables y sostenibles con el apoyo de la tecnología, el conocimiento y la innovación.

La llamada "smart agriculture" es una estrategia análoga a la de la "smart city", puesto que se basa en la adopción de la digitalización y de las técnicas de cultivo y explotación de última generación. En igual sentido, la utilización del "big data" constituye una herramienta de gran valor para digitalizar la agricultura orientándola hacia los principios de la circularidad, teniendo en cuenta que esta opción se centra en el desarrollo de aplicaciones que permiten la recogida de datos y su interpretación predictiva y operativa para mejorar la eficiencia de gran variedad de aspectos, tales como la racionalización del uso del agua en el riego, el control de plagas, la utilización de técnicas de cultivo innovadoras, y la optimización del almacenaje y de la logística de distribución de productos agropecuarios. Estas herramientas permiten también llevar a cabo auditorías, efectuar controles de trazabilidad, y basar la toma de decisiones en información estadística relacionada con la meteorología y la geolocalización, configurando una "agricultura de precisión" enfocada al manejo eficiente y sostenible de los recursos productivos.

La agricultura ha de evolucionar hacia la sustitución de los procedimientos tradicionales de extracción – producción – consumo, característicos de la economía lineal, por modelos de negocio innovadores, fundamentados en la ecoinnovación, la producción ecológica y el empleo de nuevos sistemas de explotación basados en tecnologías de última generación.

El concepto "smart" puede generar ventajas en la agricultura si se aplica en la práctica junto con los demás principios de la circularidad. La sinergia pro-

ducida por esta simbiosis conduce con éxito a la sostenibilidad por la vía de:
- Incentivar la producción y el consumo de alimentos ecológicos y de proximidad.
- Inducir mejoras y evitar problemas ambientales controlando el empleo de fertilizantes y pesticidas, y el vertido descontrolado de residuos contaminantes, que constituyen factores de contaminación de aguas, suelos y ambiente, así como de riesgo para los consumidores de productos agrícolas.
- Optimizar la gestión de los recursos, del territorio y de las técnicas de cultivo y riego, así como utilizar aguas depuradas y reducir la "huella hídrica" de los productos agrícolas.
- Optimizar las infraestructuras de almacenaje, la logística y las redes de transporte y distribución de alimentos y productos agrícolas, y reducir las pérdidas netas de alimentos causadas por deficiencias en estos ámbitos.
- Aprovechar los residuos y excedentes agrícolas como fuente de materia orgánica para producir fertilizantes mediante compostaje, o para generar energía.
- Gestionar adecuadamente y reducir la producción de purines en el sector ganadero, no solo como vía para evitar la contaminación de suelos y fuentes de agua, sino también para aprovecharlos de modo equilibrado en el mejoramiento de los procedimientos de fertilización y recuperación de terrenos para el cultivo.
- En el ámbito forestal, promover el aprovechamiento de biomasa como combustible en forma de

"chips", "astillas" o "pellets", que representan una valiosa fuente de energía natural y renovable. Bien planificada, esta opción permite además limpiar los bosques y evitar el riesgo de propagación de incendios y sus consecuencias ambientales.

Gestionar racionalmente la superficie agrícola y forestal induce efectos positivos sobre la producción y la vida en zonas rurales, al mejorar la calidad y productividad del suelo, aumentar la retención de agua, y favorecer el equilibrio ecológico y la conservación de la biodiversidad.

Smart Food

Cada año se desaprovecha una tercera parte de la producción mundial de alimentos a lo largo de la cadena de valor agroalimentaria, realidad que refleja ineficiencias de considerable impacto ambiental. Además, un alto porcentaje del consumo mundial de energía se gasta en la producción de alimentos que se pierden o desperdician. En consecuencia, el principal reto del sector es combatir las pérdidas y encontrar soluciones para aprovechar mejor el valor de los recursos alimentarios.

En este terreno, las estrategias de producción "smart" y de economía circular juegan un papel destacado, y entre las iniciativas conducentes al logro de este objetivo, destacan:

- El desarrollo de equipos y etiquetas inteligentes que permitan la mejor conservación de los alimen-

tos, reduzcan la compra excedentaria, faciliten la trazabilidad y la detección de la caducidad de los productos, y ayuden a localizar dónde y cómo se produce el desperdicio.
- La implementación de iniciativas y plataformas colaborativas con el objeto de compartir y/o recuperar el valor de los excedentes alimentarios.
- La sensibilización y educación del consumidor con el propósito de inducir cambios de hábitos que conduzcan a la reducción de la pérdida de alimentos.
- Luchar contra el despilfarro y el desperdicio gestionando de modo descentralizado los residuos alimentarios, revalorizando los productos agroalimentarios en cascada, desarrollando nuevos productos, y convirtiendo excedentes de producción, residuos y subproductos en fuentes de energía renovable. En este contexto, la colaboración entre agentes para fomentar sistemas de producción, distribución y consumo más eficientes es clave.

Smart Industry

La industria manufacturera es una fase clave en el ciclo de vida de las materias primas, que se inicia con la extracción de los recursos naturales, y finaliza con su disposición final. En términos de utilización de recursos, el sector industrial es responsable de parte considerable del consumo eléctrico mundial, de las emisiones de gases de efecto invernadero, y de la extracción de recursos primarios. La industria es también responsable de buena parte de la demanda mundial de agua, compitiendo en este ámbito con el uso agrícola y urbano.

Lo anterior conduce a afirmar que el concepto "smart" es en gran medida aplicable a la industria, junto con los principios de la circularidad. En este sector coinciden una serie de actividades y procedimientos susceptibles de ser gestionados enfocándolos hacia el logro de la sostenibilidad integral. Además, por definición, la Industria 4.0 justifica por sí misma la adopción de este concepto en las múltiples facetas del sector, en las cuales hoy en día resulta imprescindible adoptar criterios de producción sostenible, orientarlos de modo inteligente, y desterrar de modo definitivo las prácticas basadas en la cultura del despilfarro y de la especulación.

Entre las prácticas que justifican la asociación de los conceptos "circularidad" y "smart" en el sector industrial para dar lugar a una "smart industry", destacan las siguientes:

- La implantación de esquemas de ciclo inverso en los procesos de fabricación.
- El establecimiento en las fábricas de sistemas de optimización energética, el empleo de energías renovables, y el fomento de la cogeneración.
- Los acuerdos de simbiosis industrial para el aprovechamiento compartido de residuos y subproductos.
- La optimización del uso de recursos hídricos mediante la depuración y el aprovechamiento de aguas residuales y la detección y control de vertidos contaminantes.
- La recuperación y el reciclaje de residuos, y el reaprovechamiento de subproductos valorizables.

- El fomento de prácticas de reutilización, reparación, refabricación y reacondicionamiento de productos y materiales.
- La modificación los procesos productivos mediante el aprovechamiento de las ventajas que ofrecen los avances tecnológicos, la digitalización y la robótica para implantar procesos y sistemas "ciberfísicos".
- La aplicación en los procesos y productos industriales de criterios avanzados de ecoinnovación y ecodiseño, o "smart design", favorables al ahorro de recursos, agua y energía, al reciclaje, a la recuperación, a la valorización, y a la reducción de gases contaminantes causantes del calentamiento global.

Smart Energy / Smart Grid

Las energías renovables constituyen una valiosa fuente energética en el actual contexto industrial y tecnológico, teniendo en cuenta que conducen directamente hacia la sostenibilidad. Entre otras opciones, la producción de energías alternativas mediante generadores eólicos, fototérmicos y fotovoltaicos es cada día más económica y eficaz, como también lo son las fuentes representadas por la biomasa y la geotermia. Todo ello, sin tener en cuenta las indiscutibles ventajas de la ancestral producción hidráulica, y de la controvertida energía nuclear.

Pero la economía circular propicia además cambios estratégicos que van más allá de la producción de energía. Defiende una transición energética basada en el cambio del actual esquema de distribución centralizado y unidireccional de la energía, por redes de distribución descentralizadas, bidireccionales, que integren a los diversos agentes de producción, tanto de gran envergadura como de ámbito local y reducida capacidad, y prioricen la incorporación al sistema de las fuentes de energía renovables.

Es posible dinamizar este cambio mediante estrategias basadas en la digitalización y el empleo de las tecnologías de la información y de la comunicación en todo el ciclo y fuentes de producción de energía, y en todos y cada uno de los sectores más destacados del consumo final, considerando como tales a las ciudades y los edificios, a la industria y al transporte.

Smart Mobility / Smart Logistics

En relación con las posibilidades de alcanzar niveles de "smart mobility", se dispone actualmente de todo un conjunto de opciones, propuestas y estrategias de naturaleza sostenible aplicables directamente al entorno urbano y al transporte público, pero que son igualmente válidas en relación con los servicios de logística, transporte y distribución requeridos por los sectores agroalimentario, industrial y de servicios. Las opciones más atrayentes en este ámbito, que para mayor eficacia deben ser adoptadas de modo conjunto, son las relacionadas a continuación:

- Recuperar espacios vacíos o infrautilizados, y regenerar el tejido urbano mediante la rehabilitación o la construcción sostenible, con el fin de consolidar una ciudad "amigable" y evitar la dispersión urbana, generadora de grandes necesidades y problemas de movilidad.

- Fomentar el uso de vehículos eficientes, de bajas emisiones contaminantes, híbridos y eléctricos.
- Estimular el uso del transporte público y colectivo.
- Adoptar el concepto "smart mobility" en el transporte público, aprovechando el auge de las tecnologías de la información para transformar el diseño de la movilidad.
- Incentivar la "logística inteligente", optimizando las rutas, y ajustándolas al ritmo y volumen de la producción industrial basada en modelos sostenibles.
- Fomentar la "logística inversa" y evitar el transporte con capacidad de carga infrautilizada.
- Incentivar la "logística distribuida", el diseño y la ubicación de infraestructuras y parques logísticos multimodales, y optar por sistemas de transporte seguros y sostenibles.
- Desincentivar el uso del automóvil y potenciar, cuando sea posible, su uso compartido y su mejor y mayor ocupación.
- Elaborar planes de actuación en movilidad con la participación de todos los agentes y sectores implicados.
- Establecer campañas de información ciudadana que señalen medidas favorables a la adopción de estilos de conducción responsable que permitan el ahorro de combustible, la reducción de emisiones contaminantes, el coste de mantenimiento de los vehículos, y eviten el riesgo de accidentes.
- Incentivar el teletrabajo, los horarios flexibles y el "smart working" con el fin de reducir los desplazamientos y la congestión de tráfico en horas conflictivas.

- Adoptar modelos de movilidad que prioricen la seguridad de los ciudadanos, incorporando a proyectos y estrategias los principios y fundamentos de la sociología y de la antropología.

Smart Working

La fórmula "smart working" plantea una nueva mentalidad de empleo. Impulsa la configuración de equipos por proyectos, la flexibilidad horaria y la reducción de la movilidad, desterrando la cultura del trabajo presencial. Su principal característica es la de permitir trabajar desde cualquier ubicación y en cualquier momento.

El uso de las nuevas tecnologías es uno de los pilares esenciales de esta forma de trabajar. La movilidad y flexibilidad horaria, el trabajo por objetivos y el uso masivo de las nuevas tecnologías son las tres dimensiones que hacen posible el smart working. En general, la idea de desarrollar un trabajo en un puesto fijo en una oficina va desapareciendo. Si se implementa bien esta modalidad, se consigue aumentar la productividad y la satisfacción de los trabajadores.

El smart working es una evolución del teletrabajo. Aquí lo más relevante son los servicios que se prestan, independientemente del lugar desde el que se realizan. Se produce una deslocalización del puesto de trabajo. Se puede actuar en casa, en una cafetería o en el aeropuerto. Si se excluyen la atención en locales y tiendas físicas y los operarios de fábrica, existe un gran abanico de profesiones que pueden optar por este sistema, desde expertos en ventas hasta financieros, pasando por agentes comerciales, e incluyendo los que realizan funciones de soporte, como sucede en el ámbito legal, tecnológico o de recursos humanos, y todos aquellos que trabajan de modo autónomo y por cuenta propia.

El smart working es un cambio cultural que deben asumir tanto las empresas como los empleados, y el cometido de los trabajadores consiste en desarrollar habilidades de autogestión y autocontrol, configurar sus agendas, establecer sus propias rutinas, y saber relacionarse con sus colaboradores a distancia. En síntesis, se trata de trabajar en un entorno independiente, en el que se valoran los resultados y se conforman equipos multiculturales. Por esta vía, se abre la puerta a nuevas formas de colaboración para ganar eficiencia y ahorrar costes.

En este escenario, el uso de las nuevas tecnologías tiene un fuerte impacto en la estructura de los equipos. La empresa debe facilitar los recursos necesarios a sus profesionales, y éstos deben ampliar sus conocimientos digitales para utilizar herramientas que faciliten llevar a cabo el trabajo colaborativo, compartir contenidos, realizar videoconferencias e, incluso, firmar documentos a distancia.

Smart living / Smart consumer / Smart people

También guardan relación directa con el "smart working" otros términos aplicables al mejoramiento de hábitos y actitudes de comportamiento individual y social, tales como el "smart consumer", el "smart living" y la "smart people", todos ellos aplicables a aquellas personas que optan voluntariamente por contribuir a la consolidación de estilos de vida que contribuyan a la sostenibilidad, a la cohesión social y a la armonía de las relaciones de convivencia.

A esta realidad hay que añadir el requisito del cambio de paradigmas de comportamiento individual que surge como consecuencia del progreso y de la reivindicación del estado de bienestar, con el fin de mejorar la calidad de vida y la seguridad individual, y disfrutar de un entorno más saludable.

Emergen con fuerza en la sociedad civil modelos de uso y consumo según los cuales las nuevas generaciones de consumidores prefieren servicios que les permitan acceder a productos como "usuarios", en lugar de proveerse de estos como "propietarios". Como se destacó en anteriores apartados, a este fenómeno se le denomina "servitización". Según este modelo, los consumidores y las empresas buscan aquellas propuestas de valor que mejor satisfacen sus necesidades, y esto se consigue cuando el proveedor está cerca del cliente, y le ofrece soluciones que no necesariamente pasan por la venta de productos.

A este hecho se debe añadir la llegada al mercado de nuevas generaciones de consumidores, como los denominados "millennials", menos orientados a la posesión de productos, pero en cambio, más ávidos de experiencias basadas en el disfrute y acceso a los productos a través de servicios. Algunas empresas empiezan a adaptar sus modelos de negocio con el fin de aprovechar esta situación, ofreciendo servicios basados en un producto. Además de satisfacer mejor las necesidades de los consumidores, este esquema permite reducir el impacto ambiental gracias a una mejor gestión de los recursos. En síntesis, es una estrategia que alinea de modo inteligente los intereses del productor y del consumidor, y se estimula que el cliente tome parte de modo activo en la mejora del producto fabricado o del servicio prestado.

Los modelos de uso cooperativo o las redes de colaboración y uso compartido, que generan más interacción entre usuarios, comerciantes y fabricantes, se están implantando a ritmo acelerado. La aplicación de este cambio en diferentes negocios permite desarrollar esquemas de pago por rendimiento, alquiler, préstamo, retorno o reutilización, que son ventajosos desde numerosos puntos de vista. Por estas vías, es posible incrementar el período de uso de los bienes, ya que los artículos y servicios a compartir permiten su mayor y mejor utilización, hecho que además promueve el aumento de su longevidad y la reducción de su coste de uso y mantenimiento.

Son numerosas las iniciativas que pueden contribuir a la mejor gestión de los recursos recurriendo a procedimientos de reciclaje, recuperación y reutilización, para lo cual la formación de los ciudadanos y la participación de las empresas y de las entidades administrativas y gubernamentales es fundamental. Es necesario también mejorar el conocimiento sobre el comportamiento del consumidor frente a los recursos, con el fin de tomar las decisiones adecuadas al desarrollar estrategias y campañas de promoción y difusión de los fundamentos de la sostenibilidad. Se ha de incidir en el mercado basando las estrategias en la demanda de los consumidores, para lo cual se les ha de implicar de forma proactiva con las opciones vinculadas al ecodiseño y a la ecoinnovación.

Se ha de orientar al consumidor hacia el rechazo de la "compra compulsiva" y su sustitución por el ejercicio de la compra "responsable", "inteligente", "suficiente", aquella que preserva de una manera equilibrada y sostenible los intereses ambientales, sociales y económicos del conjunto, tanto a corto como a medio y largo plazo.

Smart Environment

La casi totalidad de las iniciativas "smart" son susceptibles de provocar efectos favorables a la protección del medio ambiente y al aseguramiento de la sostenibilidad, siempre y cuando sean enfocadas de modo responsable e inteligente. Los efectos positivos que puede generar la simbiosis smart – circularidad en la sostenibilidad y en el medio ambiente son variados y numerosos, y es posible destacarlos con los siguientes ejemplos:

- La mitigación de la contaminación del aire, del calentamiento global y de los efectos de la crisis climática, como resultado de la reducción de las emisiones de gases de efecto invernadero.
- La reducción de la extracción y uso de recursos naturales finitos.
- La reducción y optimización del consumo de energía y la generación de energía de fuentes naturales.

- La reducción de la generación de residuos y la reutilización, reciclaje y valorización de residuos, materiales y subproductos diversos.
- La equilibrada gestión del territorio y el fomento de la biodiversidad.
- El mejoramiento y la protección del valor paisajístico de los espacios naturales.
- El aseguramiento de las condiciones de calidad, seguridad y salud ambiental en el entorno inmediato de vida de las personas.
- Los efectos positivos de los nuevos modelos de producción, la Industria 4.0, la erradicación de la producción lineal, y el fin de la obsolescencia programada.
- Las ventajas del cambio de los hábitos de consumo compulsivo por modelos de vida, trabajo y comportamiento responsable.
- La optimización de la productividad integral mediante el empleo de métodos y sistemas de producción y de gestión sostenibles.

Sin lugar a dudas, el concepto "Smart" constituye un término muy atractivo a la hora de servir de base para orientar y motivar a la sociedad hacia la adopción de modelos de comportamiento y consumo responsables. Sin embargo, es fundamental evitar que el término "smart" persista solo como una moda pasajera y regresiva que eternice el ejercicio de la economía lineal, el estilo de producción y consumo que ha contribuido durante años a alimentar de modo nefasto los vicios del derroche y de la especulación.

Smart Governance

Sobre liderazgo y gobernanza se analizan más adelante los conceptos clave asociados a estos términos, pero conviene antes tener en cuenta que, para desplegar con éxito planteamientos de "smart governance", las estrategias de acción enfocadas hacia la sostenibilidad deben contar con la participación tanto de las administraciones públicas como de las empresas, pero también de la sociedad en general, y de los ciudadanos en particular. Todos ellos deben replantearse sus necesidades reales, asumir un papel proactivo y responsable en el diseño de nuevos modelos de comportamiento, y participar en la toma de decisiones pertinentes.

El concepto "Smart Governance" se ha de ejercer de modo responsable y transversal, de manera que los nuevos paradigmas sean asumidos de modo eficaz, evitando toda intención especulativa, y procurando erradicar los conflictos de intereses que puedan amenazar la sostenibilidad.

REQUISITOS PARA FORJAR UN MUNDO SOSTENIBLE

1 - Estímulos directos a la Actividad Empresarial

El camino hacia la sostenibilidad implica adoptar métodos de producción diferentes a los que han caracterizado a la era de la economía lineal. Para encaminar las actividades en esta dirección, las empresas deben recibir suficiente apoyo técnico y financiero con el fin de ayudarles a transformar sus actividades adoptando los principios de la circularidad y optimizando su competitividad mediante la reducción de costes y la introducción en el mercado de productos y servicios ajustados a la demanda generada por hábitos de consumo identificados con la sostenibilidad.

El impulso que requiere el tejido productivo para impulsar la economía circular puede tener diferentes objetivos, ya sea mejorar los procesos de producción, aplicar técnicas de ecodiseño en la fabricación de artículos y productos, ofrecer servicios más circulares, e incluso repensar y rediseñar los modelos de negocio. Los sectores financieros público y privado deben procurar ofrecer créditos, subvenciones e incentivos fiscales, y las instituciones de investigación y desarrollo tecnológico, dar apoyo técnico, orientación y asesoramiento a las empresas para facilitarles la adaptación a los cambios estructurales y de equipamiento, para diseñar y desarrollar nuevas opciones de fabricación y prestación de servicios, sustituir instalaciones obsoletas, y amortizar las inversiones en activos que requieran los nuevos modelos de negocio.

2 - Formación – Difusión

La información dirigida a un mundo altamente sensibilizado en lo relativo a la sostenibilidad y a los factores que la condicionan, debe enfocarse de modo transversal e integral hacia todos los integrantes del escenario social y económico, incluyendo ciudadanos, empresarios y responsables del entorno gubernamental. Todos ellos han de estudiar a fondo las opciones para enfocar las correspondientes estrategias, eludiendo la simplificación y los enfoques parciales, que normalmente obedecen a intereses de corte especulativo impulsados por la manipulación propagandística engañosa y tendenciosa del consumo, y por la imposición de las consignas de modas coyunturales. La información ha de ser objetiva, esquivando la tentación de manipular mediante el pánico o la alarma sensacionalista, huyendo de los extremos del fatalismo y del optimismo para centrar la acción en el realismo y en la objetividad.

Al igual que en el caso de otros aspectos en relación con los cuales es necesario informar y educar, para sensibilizar a la sociedad sobre el problema del calentamiento global o la escasez de recursos se debe evitar la adopción de soluciones magistrales, que a menudo ocultan intenciones partidistas, como las que en ocasiones emplean los sectores del comercio, del marketing y de la publicidad cuando pretenden fomentar el consumismo compulsivo, o defender una imagen de "empresa verde" maquillando las campañas publicitarias mediante lo que, en términos coloquiales, se ha llegado a denominar el "green washing". Similar situación ocurre cuando determinados personajes que destacan por cualquier motivo en la sociedad, son manipulados por el mundo mediático con fines propagandistas, no en beneficio del bien común, pero sí de objetivos asociados a sus propios intereses. O también, como ocurre con las empresas o instituciones que buscan destacar por cualquier vía como defensoras de la sostenibilidad, del medio ambiente o de la lucha contra la crisis climática.

La sensibilización inteligente se ha de conseguir sustituyendo la intención por la acción, y la opinión por la implicación, asumiendo responsabilidades en lugar de plantear soluciones que solo permanecen en el terreno de las buenas intenciones. Las acciones proactivas deben sustituir las manifestaciones populistas manipuladas por minorías con intereses partidistas y aparentemente planteadas con intención reivindicativa, pero que, al no ofrecer propuestas ni alternativas correctoras concretas que vayan más allá de simples protestas contra el sistema establecido, adquieren características de corte lúdico y carnavalesco. Además, con frecuencia la intencionalidad de este tipo de acciones reivindicativas es desvirtuada por la intromisión y manipulación de activismos que persiguen objetivos diametralmente opuestos a los originalmente planteados. El impacto que genera este tipo de actos masivos y multitudinarios tiene efectos fugaces y de eficacia limitada, ya que a menudo suelen acabar en ejercicios de vandalismo, incivismo y agresiones contra el entorno y el orden público por parte de una minoría de exaltados.

Cabe insistir en que la sostenibilidad en la era global obliga a la sociedad a adoptar hábitos de consumo y comportamiento compatibles con la disponibilidad de los recursos del planeta. La publicidad es una herramienta de doble filo que puede favorecer o desvirtuar este requisito, según sea empleada con responsabilidad, o con fines meramente especulativos.

Pocos perciben en su verdadera magnitud y trascendencia hasta qué punto el mercado ha llegado a alienar al ser humano, inclusive utilizando el argumento de la sostenibilidad y del medio ambiente como arma persuasiva para presionar sobre el consumo. Es dudosa la ética que subyace tras los refinados métodos de comercialización amparados por una publicidad agresiva y distorsionadora, que crea falsas expectativas al ciudadano, promoviendo el consumo de productos supuestamente "ecológicos" o "ambientalmente amigables", cuya motivación de compra se genera más por imposición de la "moda", que por la adopción de una legítima conciencia ambiental. A menudo, se trata de productos que pretenden ser más sanos para el hombre y menos agresivos para el entorno, pero que requieren de procesos de producción tanto o más contaminantes que los convencionales. También a veces su comercialización va acompañada de campañas publicitarias detrás de las cuales se ocultan serias agresiones al medio y a la integridad de los recursos.

Estrategias de este tipo persiguen casi siempre intereses mezquinos, que logran su propósito utilizando y manipulando la sensibilidad del consumidor mal informado, o incluso, del ciudadano despistado, inculto o ignorante. La carencia de ética en el comercio trasciende inclusive más allá de las fronteras, y pone en evidencia la brecha existente entre los diferentes estratos de la sociedad y su estado de bienestar, provocando tensiones, agravios comparativos y relaciones de servidumbre y dominio, perpetuando la distorsión de los valores esenciales de la sociedad, e implantando en su lugar el culto a lo absurdo y a lo suntuario.

Los medios de comunicación social, proverbialmente poderosos y variados, juegan un papel muy importante en este terreno. A través de ellos, los grupos de presión política y mercantil pueden estimular tanto la creación de falsas expectativas, por la práctica de la desinformación y del sensacionalismo, o propiciar estrategias informativas responsables y objetivas que eviten la manipulación de los ciudadanos. Apropiadamente dirigidos, la publicidad y los medios de comunicación pueden cambiar la tendencia a imponer pautas y estilos de vida reñidos con un entorno sostenible, siempre y cuando destierren prácticas basadas en la desinformación, la publicidad engañosa, las "fake news" y el enfoque intransigente de la información que impone modas o inculca agresividad a las campañas de marketing.

Es un hecho que alcanzar la sostenibilidad en un mundo globalizado exige cambiar los hábitos de comportamiento y consumo de una sociedad que ha estado presionada durante años por el consumismo exacerbado y la práctica del despilfarro. El ejercicio responsable de la función informativa, acompañado de oportunas estrategias de educación ciudadana, puede propiciar la transformación de las actitudes opresivas de quienes concentran en sus manos la producción, dominan el mercado, elaboran las políticas e imponen los estilos y esquemas de vida, y dirigirlas hacia fines altruistas asentados en la afirmación de valores humanistas. Tal y como ocurre con la ciencia y con la tecnología, la información, canalizada mediante sus múltiples y eficaces herramientas, puede constituir tanto un factor de agresión como de protección para el medio humano. El resultado depende de cómo y en qué sentido sea utilizada dicha información.

La fuerza y el valor de la información como arma de influencia sobre el ser humano es enorme, ya que puede afectar tanto a su intimidad física como intelectual. El ejercicio de estrategias informativas inteligentes ha de constituir el motor dinámico del cambio cultural que requiere la sociedad para superar aquellos hábitos que han sido adoptados por inercia, por comodidad o por imposición del mercado, y que han configurado modelos de comportamiento reñidos con el requisito de conseguir entornos materiales y emocionales solidarios y equilibrados entre sí. Para ello, los medios de comunicación han de ser rigurosos y objetivos, no solamente al registrar, sino también al procesar, interpretar y difundir la información, principalmente la de contenido social y ambiental. Esta función se ha de practicar con visión de compromiso, aportando elementos de análisis, de perspectiva y de debate constructivo a la sociedad, que solo así estará en condiciones de asumir las actitudes pertinentes con el adecuado grado de lucidez.

En diversos escenarios de discusión ha irrumpido con cierta fuerza el término "contaminación intelectual". Es un concepto que define a la vez las causas y las consecuencias que subyacen en el planteamiento de los objetivos de sostenibilidad. Originada en la raíz misma del intelecto humano, como resultado del desenfreno irreflexivo de la condición racional que lo hace diferente del resto del mundo animal, la contaminación intelectual se vuelve incontrolada e implacable, y mina la única herramienta diferencial que puede ser útil al hombre en su búsqueda de condiciones óptimas de vida. Impulsada por el ansia de poder y lucro, transforma al individuo en víctima de sus propias ambiciones descarriadas y de las tentaciones que aparentemente conducen a su satisfacción. Así, lo transforma en sujeto y objeto de una agresividad incontrolada que desvirtúa el fundamento de las relaciones sociales, para llevarlo a un plano de ficción, sumisión e inercia costumbrista.

La contaminación intelectual es el estado emocional que obliga al hombre a desconfiar de su vecino, a defenderse de sus semejantes mediante artificios legales o represivos, a pensar mal y a recelar de su superior o de su subordinado, o a menospreciar con resentimiento las esferas del poder a las cuales no tiene acceso. Es la razón fundamental que hace caer al individuo en el inconformismo crónico que le lleva a la envidia, al odio, a la desesperación y a la frustración, haciéndolo esclavo de sí mismo. Este fenómeno es el que por añadidura conduce también a la psicosis colectiva que entorpece el desarrollo armónico de las actividades de la sociedad, deteriora los valores más nobles de la comunidad, y conduce inclusive a manifestaciones de incivismo, incultura y vandalismo, que, por añadidura, comprometen la integridad del medio ambiente y la sostenibilidad, planteados como un objetivo integral.

Los efectos de la información tendenciosa y de los abusos publicitarios, así como de las campañas impulsadas con intención sensacionalista, oportunistas o especulativas, encaminan a la razón humana jugando con ella, esclavizándola y manipulándola en beneficio de intereses que carecen de toda racionalidad, y que con frecuencia defienden objetivos sórdidos.

Se debe erradicar la influencia negativa de los medios de información y comunicación utilizados de modo irresponsable, ya que con este proceder solo se provoca el consumismo compulsivo y el sometimiento a las "modas" de turno, que afectan negativamente al intelecto y a los hábitos de comportamiento racional. La capacidad de criterio y de discernimiento de las personas no debe ser moldeada por mecanismos que incluyan insinuaciones de dependencia o servilismo hacia fenómenos que solo caracterizan a una sociedad deshumanizada, tecnocrática y mercantilista. Los efectos de este deterioro intelectual se hacen evidentes cuando se observa el alarmante crecimiento de estados depresivos y de ansiedad, de enfermedades y desórdenes mentales, psíquicos y fisiológicos, tan frecuentes en la sociedad consumista del mundo contemporáneo.

El ser humano debe desarrollar su vida en un planeta amable y sostenible, evitando que la razón sea desplazada a segundo plano por la emoción que generan la manipulación mediática y la orientación desacertada de los medios de comunicación e información. Los mensajes propagandísticos circulan con velocidad asombrosa en la era global, y a menudo provocan efectos inesperados. Como evidencia de esta realidad, valga como ejemplo la destacada capacidad de convocatoria y difusión que consiguen por esta vía los movimientos políticos y sindicales, y los mensajes que estimulan la adopción de actitudes, hábitos y modas a menudo reñidos con el sentido común y la lógica. Son instrumentos poderosos e implacables, eficazmente soportados, entre otros, por el auge de la digitalización, del "IoT" y del "big data", en un entorno hiperconectado que obliga a considerar con rigor todo lo referente a seguridad y privacidad, a protección de datos y, desde un punto de vista más amplio, a "ciberseguridad". Dentro de este escenario, es indudable que tanto los medios de comunicación como las estrategias publicitarias han de utilizarse con moderación, transparencia, sensibilidad y voluntad de compromiso, evitando los riesgos que supone su empleo con fines meramente especulativos o manipuladores.

Frente a la enorme cantidad y variedad de información que circula a gran velocidad y hostiga a diario a las personas, son también los propios individuos los que han de estar preparados para seleccionar, digerir y asimilar aquella información que realmente oriente sus modelos y hábitos de comportamiento de modo responsable, en el sentido más amplio del término. La proximidad de los medios de comunicación a la ciudadanía permite establecer canales eficaces que contribuyan a la sensibilización de la población en materia de sostenibilidad, uno de los grandes retos que plantea la necesidad de favorecer una transición ecológica ordenada. Solo por esta vía es posible avanzar hacia modelos de producción y consumo que estimulen un mejor uso de los recursos.

Mediante oportunas tácticas de información y sensibilización ciudadana es posible fomentar mejores patrones de consumo circular, tales como hábitos de compra individual responsables, actitudes para alargar la vida útil de los productos consumidos, medidas para reducir el despilfarro alimentario, y hábitos de selección y recogida selectiva de residuos, todos ellos necesarios para avanzar con éxito hacia la sostenibilidad. En relación con la formación, la oferta formativa debe incorporar el compromiso con los problemas ambientales y la necesidad de transmitir los conocimientos como una materia transversal hacia todas las áreas y etapas del sistema educativo.

3 - Gobernanza y Liderazgo

El nivel de incertidumbre y la volatilidad, característicos del actual entorno geopolítico, exigen adoptar modelos de liderazgo y gobernanza transversales que apuesten por asegurar la sostenibilidad en el mundo globalizado. Un reto que debe ser asumido por personas, empresas, líderes y gobernantes con responsabilidad y voluntad de compromiso.

La evolución hacia el asentamiento de la sociedad y de la economía globalizadas se está produciendo en paralelo a cambios diversos y de variada magnitud que, de uno u otro modo, configuran un entorno económico, social y político diferente al que ha predominado durante y después de la revolución industrial y post industrial. Los cambios a los que obliga la cuarta revolución industrial, derivados del auge de la digitalización y de la Industria 4.0, constituyen la razón que fundamenta la necesidad de remodelar los estilos de comportamiento a los que se enfrenta la sociedad del futuro inmediato.

Ante los incipientes cambios en el estilo y conducta de la sociedad en particular, y de la economía en general, es fácil observar que detrás de ciertas manifestaciones globales subyacen causas susceptibles de ser consideradas aisladamente, pero no es prudente perder de vista la interacción que ocurre entre ellas. La función de los agentes sociales debe ser considerada de modo simultáneo con los cambios que ocurren en el entorno económico, cada vez más imprevisible, incierto y complejo, que configuran un escenario de creciente inestabilidad, variabilidad y caos, frente al cual se han de poner en marcha nuevas capacidades de acción y reacción. Los cambios globales repercuten tanto en el mundo económico como social, y son también consecuencia de la anticipación previsora de las incógnitas del futuro. La modificación evolutiva de las estructuras orgánicas, con el paso de esquemas jerarquizados y piramidales a diseños de organigramas más planos, integrados por equipos virtuales de trabajo basados en el conocimiento, así como la progresiva relevancia de la función sobre la posición, son claros ejemplos de modificaciones adaptativas frente al nuevo orden.

También lo son el cambio del concepto de dominio y ejercicio del poder, su distribución de acuerdo a organizaciones más participativas y responsables, y el necesario incremento del nivel de capacitación, formación y acopio de conocimientos de las personas como requisito para evitar su marginación del proceso de generación de valor añadido.

La trayectoria hacia la sostenibilidad en la era global por la vía del conocimiento impone como condición el ejercicio de un nuevo estilo y de un nuevo modelo de comportamiento personal, marcado por el afianzamiento de los principios de participación, de cooperación, de responsabilidad, de delegación, de aptitud profesional y de trabajo en equipo, sin los cuales difícilmente es posible alcanzar objetivos de prosperidad y estabilidad.

Como "liderazgo" se ha de entender la tarea de servir al desarrollo humano mediante la creación continuada de riqueza, con criterios de equidad, madurez, responsabilidad, ética y sentido de la solidaridad. El ejercicio del liderazgo ha de garantizar la continuidad de la actividad económica como fuente de riqueza, progreso y bienestar colectivo, responsabilidad que cae de lleno en el terreno de la gestión orientada y dirigida con inteligencia, independientemente de que dicha responsabilidad deba ser distribuida de modo transversal entre las estructuras organizativas.

El líder enfocado a la sostenibilidad debe ser capaz de diferenciar entre dirigir y gestionar. El líder debe dirigir y estimular, y no gestionar, función esta última que debe ser distribuida entre todos los miembros del equipo que dirige. A falta de un liderazgo efectivo, la predisposición innata del ser humano es ocuparse de problemas rutinarios, que son los más fáciles de manejar con ciertas posibilidades más o menos inmediatas de éxito.

Se ha de tener en cuenta que el grado de dificultad y complejidad de las funciones de liderazgo tiende actualmente a multiplicarse, y que esta situación no es ya compatible con estructuras de organización centralizada, piramidal y autoritaria. Algunos cometidos de dirección, tales como la definición de metas, políticas y objetivos estratégicos, requieren de cierto grado de intervención central, pero la mayor parte de las decisiones se han de tomar en las esferas de actividad más próximas a la fase productiva, y nunca en función de la jerarquía, motivo por el cual la función "coordinación" adquiere un valor más relevante. Las estructuras de dirección centralizada resultan hoy tan inoperantes como el intento de fijar rígidas normas de comportamiento, ya que el ritmo del cambio exige tanto mayor capacidad de adaptación, como de previsión y flexibilidad.

El liderazgo de la era global se ha de basar en el concepto de equipos interactuantes, conectados y coordinados entre sí, dentro de los cuales cada individuo asume sus responsabilidades y sus funciones específicas en beneficio del logro de los objetivos del grupo. El liderazgo se debe hacer presente en toda la organización. Ha de impartirle ritmo y energía al trabajo, y ha de otorgar poder operativo a quienes lo realizan, aportándoles medios, instrumentos y oportunidades, así como dosis de motivación y entusiasmo.

La innovación ocupa un lugar central en el aseguramiento de la sostenibilidad, hecho que implica el reto de unir el esfuerzo de todos los elementos comprometidos en el desarrollo de estrategias conducentes a este objetivo, incluyendo ciudadanos, empresas y estamentos gubernamentales. Además, se debe tener en cuenta cada sector específico de actividad sin perder de vista la relación holística y sistemática que debe mantener con todo el resto de los actores en juego. La evolución del mundo contemporáneo se ve afectada por la gran magnitud y variedad de opciones que surgen como consecuencia de la evolución tecnológica, y se requiere adaptar dichas iniciativas a nuevos modelos de negocio, a nuevos prototipos de comportamiento social, a diferentes actitudes de consumo, y a nuevos enfoques en las relaciones de la sociedad con el uso y protección de los recursos del planeta.

Situados en este escenario, destaca la necesidad de actuar interpretando de modo responsable y transversal aquellos estilos de gobernanza y de liderazgo que permitan gestionar los recursos evitando tanto el impacto negativo sobre la sociedad como sobre el medio ambiente. Alcanzar este objetivo no es fácil, habida cuenta de las tensiones y conflictos de intereses presentes en el contexto del mundo global, y de la decepción de la sociedad civil por el incumplimiento de las promesas que formulan quienes ejercen la función política, en los cuales un día depositaron su confianza a través de los mecanismos de la democracia. El reto debe comprometer a todos los que han de desempeñar un papel activo de liderazgo respaldado por la adopción responsable de métodos de gestión ajustados a los modelos de producción y consumo que se requieren para alcanzar la sostenibilidad en la era global.

En lo referente a la emergencia climática, uno de los problemas más urgentes que afectan a la humanidad, los gobiernos deben proporcionar un marco favorable a la hora de implementar sus políticas, que se han de basar igualmente en una gobernanza transversal. La impulsión de los ODS de la Agenda 2030 de Naciones Unidas y de las estrategias de descarbonización, debe ser respaldada vinculando los programas locales y los planes nacionales y globales de desarrollo sostenible, mediante el fomento del diálogo entre los diferentes actores que intervienen en el proceso. En igual sentido, es vital estimular las políticas fiscales y los incentivos económicos que frenen las inversiones en actividades generadoras de emisiones de gases de efecto invernadero, y reorientarlas como estímulo hacia sectores que apuesten por alternativas sostenibles. Es el caso de lo que es posible provocar, por ejemplo, a la hora de impulsar las energías renovables como sustituto de las generadas con fuentes fósiles.

Todo lo anterior ha de ir acompañado de la consolidación de una ética del liderazgo, desprovista de los rasgos de tipo personalista que prevalecieron durante y con posterioridad a la era industrial. El esquema de liderazgo ajustado a los requisitos del siglo XXI no puede ser apartado del conjunto de transformaciones que es forzoso incorporar a las organizaciones como consecuencia del cambio de marco de los modelos de producción y consumo, a menudo transgresores y disruptivos, factores importantes a tener en cuenta para la implantación de un esquema de gobernanza que garantice el alcance de la sostenibilidad, y contribuya a controlar las incógnitas de un entorno complejo e incierto, sujeto a variaciones permanentes que se han de afrontar con sentido organizado, responsable y previsor.

En todo caso, el esfuerzo debe ser público y privado, fortaleciendo el trabajo en equipo dentro de una economía con proyección global. La crisis ambiental derivada de la deficiente gestión de los recursos obliga a rediseñar los presupuestos públicos. La planificación global debe ser coherente con la planificación ambiental y, entre otras medidas, la gobernanza transversal debe permitir reformular los esquemas tributarios para mitigar las externalidades negativas de las actividades más contaminantes.

El sector privado debe buscar soluciones individuales y colectivas a las agresiones específicas que genera, y tiene que ser más transparente en sus balances y cuentas de resultados. Por esta vía, el ejercicio de la gobernanza transversal y del liderazgo responsable abren para las empresas una gran oportunidad de crecimiento, con la creación de empleos de calidad y de riqueza que ello supone. Deben ser las empresas las que ofrezcan la tecnología y los servicios ante iniciativas públicas como, por ejemplo, los "Green New Deal" propuestos por algunas naciones.

4 - Proyección Transversal y Multisectorial

La innovación ocupa un lugar central en el aseguramiento de la sostenibilidad y de la transición efectiva hacia la implantación de una de las herramientas más valiosas para lograr este objetivo: la economía circular. Esta realidad implica el reto de unir esfuerzos entre todos los actores comprometidos en el desarrollo de estrategias conducentes a este objetivo, incluyendo ciudadanos, empresas y esferas gubernamentales. Además, la aplicación de los principios de la circularidad requiere tener en cuenta el sector específico en el cual se sitúa la actividad, respetando rigurosamente los parámetros que lo configuran, pero sin perder de vista el enfoque integral que debe mantener con todo el resto del sistema.

Las estrategias que se centran exclusivamente en sectores concretos y no son desarrolladas pensando en "sistemas" y apuestas "transversales", no permiten beneficiarse del efecto multiplicador que es posible generar entre actividades afines o complementarias por la integración de diferentes cadenas de valor. La reducción del consumo energético y de las emisiones de gases de efecto invernadero son claros ejemplos de ello: aumentar el uso de energías renovables resulta más eficaz cuando esta medida se acompaña de otras orientadas a mejorar la eficiencia energética entre sectores clave, como es el caso de la construcción, el transporte y la industria en general.

En el ámbito de la economía verde, la gobernanza enfocada a la sostenibilidad debe propiciar y favorecer las alianzas colaborativas y las tácticas de simbiosis, con el fin de generar sinergias como resultado de todo el proceso de implantación y desarrollo de las iniciativas circulares, y superar por esta vía los retos que conlleva su aplicación. Se debe buscar la prosperidad implantando esquemas de colaboración innovadores entre auténticos "socios globales", de ámbitos locales, regionales, nacionales y mundiales, dispuestos a adoptar planteamientos que permitan aprovechar los beneficios económicos, ambientales y sociales de modelos de trabajo innovadores, haciéndolos extensivos de modo responsable, recíproco y solidario al resto de los agentes involucrados en la aventura circular.

Situados en este escenario, surge la necesidad de actuar interpretando de modo responsable, transversal y con total transparencia aquellos estilos de gobernanza y de liderazgo que permitan gestionar los recursos apostando por la sostenibilidad. Alcanzar este objetivo compromete a todos y cada uno de los actores en juego a desempeñar un papel proactivo, un requisito esencial en el contexto de la era global.

5 - Prevención Integral y Seguridad

Toda actividad implica un riesgo que puede dificultar la consecución de los objetivos definidos por cualquier tipo de iniciativa. La gestión del riesgo ayuda a tomar decisiones teniendo en cuenta la incertidumbre, la posibilidad de futuros sucesos o circunstancias previstas o imprevistas, y los efectos de todo ello sobre los objetivos de la organización. Las actuaciones clásicas en el terreno de la prevención de riesgos laborales son bien conocidas, y su adopción en la práctica constituye parte esencial de los protocolos preventivos que obligatoriamente han de adoptar empresas y organizaciones de cualquier naturaleza y condición. Las áreas tradicionales, en las cuales la adopción de medidas conducentes a prevenir y evitar riesgos resulta esencial, han sido durante años, entre otras, las siguientes:

- Vigilancia de la salud
- Seguridad y salud laboral
- Protección de los trabajadores
- Seguridad industrial
- Seguridad vial
- Accidentes de trabajo y enfermedades profesionales
- Prevención de riesgos
- Organización de la prevención en las empresas
- Servicios de prevención
- Formación en prevención de riesgos

Prevenir riesgos es una condición clave para garantizar la sostenibilidad del planeta mediante la racionalización del uso de los recursos y del cambio de los modelos de producción y consumo. Este planteamiento se ve reforzado en gran medida si se lleva a la práctica aplicando los principios elementales del concepto "Prevención", que constituye una herramienta consolidada que ha demostrado su validez en el entorno más inmediato de las personas, como son las esferas de la seguridad y de la salud laboral. Teniendo en cuenta las implicaciones y consecuencias que tiene para la seguridad, la salud y el medio ambiente, la gestión integral de la prevención adquiere especial relevancia y trascendencia, tanto desde el punto de vista técnico, como social y económico. Se trata de un asunto que debe asumirse con profesionalidad en cualquier sector de actividad, con visión estratégica, enfocado hacia el logro de la eficiencia en medios y de la eficacia en resultados, apostando por los principios de la sostenibilidad.

Modificar las tendencias y características del crecimiento y de los hábitos de consumo constituye un requisito indispensable para establecer las adecuadas condiciones de vida en un planeta más equitativo, estable y respetuoso con el entorno. Como ya fue destacado, la complejidad del universo contemporáneo, la globalización, la interdependencia de los sistemas económicos, y sus consecuentes impactos sobre la sociedad, refuerzan el concepto de desarrollo sostenible como única respuesta a este reto. Es por este motivo que también se han de tener en cuenta en igual sentido aquellos aspectos de naturaleza ambiental que van más allá de los estrictamente personales, puesto que es éste el único camino para armonizar las actitudes y el comportamiento de la sociedad civil cuando se trata de plantear alternativas de "prevención integral".

La evolución cultural, el auge de los medios de información y comunicación, y el imparable proceso de consolidación del "estado de bienestar", configuran un perfil de ciudadano cada vez más exigente en cuanto atañe a "calidad", en el sentido más amplio del término. Y el término "prevención" adquiere su máximo significado cuando la sociedad reivindica, con fundamentada autoridad moral, reclamaciones asociadas a los conceptos de seguridad, salud e higiene ambiental. Son incuestionables las exigencias que se manifiestan cuando los ciudadanos intentan ejercer sus derechos en este ámbito a través de las organizaciones sindicales, los comités de empresa o los medios de comunicación.

La realidad se muestra cada vez más compleja e incierta. Los efectos del calentamiento global, acelerador indiscutible de la crisis climática, la necesaria transición hacia una economía baja en carbono, el crecimiento demográfico o el cambio en los modelos de consumo, provocan situaciones que causan impactos y desequilibrios sociales y riesgos económicos. Pero también hay que reconocer que hoy en día se dispone de herramientas tecnológicas y de modelos innovadores de producción que permiten evitar, o al menos controlar de modo eficaz, estos y otros problemas y agresiones que puedan poner en entredicho la posibilidad de garantizar un entorno sostenible y acogedor para la sociedad.

Alcanzar, y luego mantener, niveles óptimos en materia de seguridad y salud, ha de ser el objetivo fundamental de la prevención. Es sobre la base de esta premisa que se ha de proyectar cualquier estrategia preventiva basada en los principios de la circularidad. Pero este principio se ha de aplicar de modo integral, es decir, enfocando la prevención no solo al individuo en su entorno inmediato de vida y trabajo, sino también al terreno de la gestión sostenible de todos los recursos del planeta.

Ciertamente, la economía circular puede contribuir con eficacia a implantar criterios preventivos. Con anterioridad se destacó que el modelo circular constituye la antítesis del modelo lineal, puesto que es un modelo "holístico", "restaurador" y "regenerativo" que propicia que productos, componentes y materiales mantengan su valor y su utilidad de modo permanente a lo largo de todo el ciclo de producción y uso. Genera indiscutibles ventajas ambientales, beneficios sociales y valor añadido para las empresas, aspectos necesarios para garantizar la disponibilidad de los recursos y la diversidad ecológica en un contexto planetario globalizado, complejo e imprevisible. En síntesis, se trata de un modelo que respeta los principios elementales de la prevención de riesgos y de la seguridad, en el sentido más amplio del término.

Analizando la situación desde un punto de vista más amplio, hay que reconocer que el calentamiento global, causante de la crisis climática, es uno de los principales riesgos que afronta la humanidad y que pone en entredicho el afianzamiento de un planeta estable. El calentamiento global es consecuencia de modelos de producción y consumo basados en el despilfarro, que comprometen la disponibilidad de los recursos finitos, a la vez que generan contaminación ambiental. Todo ello conduce al incremento de la frecuencia y de la gravedad de las catástrofes ambientales, de los desastres naturales, y al incremento del riesgo para las personas expuestas a ellos. El calentamiento global es, entre otros factores, consecuencia del exceso de emisiones de gases de efecto invernadero a la atmosfera, resultante a su vez de las equivocadas políticas de gestión de recursos, de producción y de consumo que a lo largo de muchos años han sido propiciadas por el modelo de economía lineal.

La adopción de planteamientos circulares, con el apoyo de disciplinas tales como la meteorología, el ecodiseño, la digitalización y la adopción de modelos de producción y negocio innovadores, integra una plataforma de buenas prácticas de gestión que conduce hacia un sistema de prevención integral eficaz. De este modo, la prevención se plantea de modo transversal, no solo en beneficio de las personas, sino también de todo el entorno en que estas desempeñan su vida cotidiana y laboral.

La economía circular, utilizada como herramienta de prevención, puede generar considerables ventajas, tanto desde el punto de vista económico y ambiental, como de la salud pública. Esta afirmación no es una simple declaración idealista, ni la expresión de una utopía, sino una constatación basada en argumentos objetivos, producto de iniciativas innovadoras que ya han demostrado sus frutos en la práctica.

En un mundo cada vez más globalizado, la adopción de los principios de la circularidad no solo representa oportunidades y ventajas para los países industrializados como herramienta preventiva, sino también como instrumento reactivo y corrector. Aplicada con proyección holística y transversal en el mundo global, la prevención en materia ambiental constituye para esas naciones no solo un reto de obligado cumplimiento, sino también una valiosa alternativa para frenar el deterioro de los recursos naturales, y asegurar por esta vía la sostenibilidad y la diversidad. Pero también representa para ellos una herramienta reactiva de gran valor a la hora de corregir los efectos negativos a los cuales les han conducido modelos de desarrollo y de progreso marcados por la irresponsabilidad, la imprudencia y el ejercicio del despilfarro.

Este planteamiento adquiere mayor notabilidad en los países emergentes, donde la prevención constituye una oportunidad y un instrumento que puede generar claras ventajas, tanto desde el punto de vista de la productividad y de la competitividad, como de la salud ambiental. En naciones emergentes, actuar aplicando criterios preventivos constituye un ineludible compromiso, pero también una verdadera oportunidad, aquella que surge de aprovechar el análisis de los errores ajenos del pasado, extraer de ellos las lecciones pertinentes, y capitalizar todo este conjunto en beneficio de la adopción de iniciativas políticas, sociales y económicas que conduzcan a la consolidación de un planeta acogedor. Tan solo frenar los efectos del cambio climático mediante la reducción de las emisiones de gases de efecto invernadero y de sus efectos en la generación de desastres naturales, justifica el reto y la necesidad de adoptar el modelo circular como herramienta de gestión y de prevención.

La contaminación del aire y del agua, la incorrecta gestión de los residuos y de los recursos, y los deficientes modelos de producción y consumo, favorecen la dispersión de agentes contaminantes, a la vez que encarnan factores de riesgo para la salud y el bienestar de los ciudadanos. Es evidente que el deterioro del paisaje, del territorio y del ambiente físico, manifestado como consecuencia de la degradación de lagos, cuencas hidrográficas y bosques, y el impacto visual que genera la dispersión incontrolada de despojos, son fenómenos que erosionan considerablemente el bienestar y el estado emocional de las personas. También es incuestionable que es posible evitar todos estos problemas si se adoptan los principios elementales de la seguridad y de la prevención.

Mediante la adopción de los principios y fundamentos de la circularidad se dispone de una extensa gama de alternativas conducentes a la consolidación de modelos de producción, uso y consumo generadores de valor, siempre y cuando sean vinculados de modo indisociable a la práctica responsable de la prevención y de la responsabilidad social corporativa. La gestión subsidiaria de esta complejidad resulta clave para asegurar la eficacia de los cambios y la viabilidad del desarrollo sostenible.

Propiciar el buen uso de los recursos del planeta ién a las empresas y a las personas a asumir la responsabilidad de poner en práctica una serie de medidas en relación con las cuales la sociedad, prisaplicando los principios de la prevención obliga tambionera del modelo de economía lineal, aun no se ha familiarizado. Entre ellas, cabe insistir en la necesidad de:

- Reducir los impactos ambientales negativos.
- Adoptar nuevos modelos de negocio y consumo.
- Minimizar el consumo de recursos finitos.

- Prolongar al máximo el uso y el ciclo de vida de productos y materiales, y evitar el despilfarro.
- Adoptar modelos de gobernanza transversal.
- Implicar a la sociedad y a los estamentos gubernamentales y administrativos de modo proactivo y responsable.
- Diseñar y llevar a cabo programas rigurosos de sensibilización, formación e información.

La gestión preventiva de los recursos del planeta se ha de enfocar practicando la innovación orientada hacia objetivos de sostenibilidad. Actualmente se cuenta con tecnologías, métodos y sistemas para llevar a cabo con eficacia esta labor, entre los cuales hay que volver a citar la digitalización, la industria 4.0 y el "big data". Llevar a la práctica el modelo circular reforzado por los fundamentos de la prevención, constituye una buena inversión. Lo contrario, recurrir a corregir y reparar errores, es solo un gasto, un derroche inútil y una pérdida de tiempo alejada de las soluciones eficaces y definitivas.

Las acciones a desarrollar deben ser asumidas de modo transversal y solidario por todos y cada uno de los actores involucrados en el proceso, desde el simple ciudadano hasta los máximos responsables de los ámbitos político, social y económico. Solo por esta vía, la adopción conjunta de los principios de la prevención y de la circularidad puede conducir a la sostenibilidad, en el sentido más amplio del término.

6 - Ética y Responsabilidad Ambiental

La ética ambiental es el relato sistemático de las relaciones morales existentes entre el ser humano y el medio en que vive. Insinúa los requisitos necesarios para preservar y recuperar el equilibrio de esta relación, y asegurar la vigencia de valores que a menudo han sido distorsionados por una visión excesivamente egocéntrica del mundo.

El comportamiento constructivo o destructivo del ser humano en su medio se modifica y evoluciona a través del vínculo indisociable de todos y cada uno de los individuos con su complejo y diverso sustrato natural. El ser humano se diferencia del resto de los componentes del reino animal en que estos últimos manifiestan cambios adaptativos en sus relaciones con el ambiente sólo como consecuencia de su evolución a largo plazo, y dan como resultado variaciones evolutivas que pueden transmitirse hereditariamente. En cambio, las personas influyen sobre casi todos los ecosistemas, y los altera y transforma en beneficio propio. De allí que la necesidad más prioritaria para la humanidad no es asegurar la economía, sino asumir sus responsabilidades desde una perspectiva ética y social.

El mercado incentiva la competitividad como argumento de crecimiento y progreso. Por otro lado, se llama a la estabilización y al control de dicha competitividad para frenar las presiones que conducen al deterioro del medio físico, incluyendo el clima como consecuencia del calentamiento global, y asegurar un crecimiento sostenible. El ejercicio racional de la ética informativa y el desarrollo de adecuadas estrategias de formación ciudadana, pueden hacer cambiar el rumbo a quienes concentran en sus manos la producción y el mercado, elaboran las políticas, e imponen los estilos y esquemas de consumo. La acción debe ser orientada hacia objetivos fundamentados en un cambio radical de los valores éticos y ecológicos. Tal y como ocurre con la ciencia y con la tecnología, la información y la educación, según como sean enfocadas, pueden constituir herramientas muy eficaces tanto para conducir la acción hacia el deterioro del medio físico, como para orientar vías de crecimiento sostenido.

El nuevo mandato ético que ha de marcar las pautas de conducta racional para una supervivencia digna del hombre y de su entorno, exige cambios radicales en el modo de pensar y de actuar. Si la evolución cultural de la sociedad no va acompañada de la voluntad y de la decisión de cambiar, poco se puede esperar en este sentido. El concepto de ética ha de prevalecer sobre cualquier otro planteamiento, ya que en esencia obliga a cada integrante de la sociedad a identificarse no sólo con las acciones globales de defensa de la integridad de su entorno, sino también con las consecuencias de los efectos negativos que puedan afectarlo como resultado de agresiones o de falta de planificación preventiva.

A menudo, los aspectos ambientales son percibidos por el ciudadano como una cuestión marginal. Hay que involucrar a más gente en la lucha contra la emergencia climática, sobre todo cuando en el horizonte de los próximos años se percibe el desenlace de cambios dramáticos en el planeta. A partir de este momento comienza la cuenta atrás para evitar un colapso de proporciones incalculables. A primera vista se divisa un conflicto inmediato de intereses entre las posiciones adictas a los combustibles fósiles y los partidarios de las energías limpias. Mientras más personas se involucren en el tema y decidan tomar parte en las alternativas preventivas y correctoras, serán mayores las posibilidades de frenar la crisis climática. Igual razonamiento se ha de aplicar al problema de la contaminación, especialmente por plásticos, caso este último sobre el cual se empezó a despertar la alarma cuando la situación ya había llegado a límites difíciles y costosos de revertir.

Al hablar de medio ambiente se suele caer en la tentación de analizar desde un punto de vista unidimensional. Por este motivo, se pierde frecuentemente la perspectiva polifacética que el tema posee, tanto en sus componentes como en su proyección global. A través de la polémica estéril se llega así a la formulación de postulados parciales y relativos en función de los cuales se intenta atribuir a determinadas manifestaciones todo el protagonismo del contexto ambiental: crisis climática, contaminación del aire y del agua, congestión demográfica, acumulación de residuos y agotamiento de recursos, para citar sólo algunas a título de ejemplo. Ocurre algo similar cuando se intenta efectuar un análisis de los aspectos éticos que inciden en el debate ambiental. A veces, han sido insinuadas algunas implicaciones éticas que aluden a alguna característica específica de dichos aspectos, sin que la relatividad y la subjetividad que subyacen implícitamente hayan permitido concluir la reflexión con planteamientos definitivos.

La ecología se ha transformado en una nueva teología. Constituye una auténtica doctrina para quienes admiten que el medio ambiente humano se deteriora rápidamente, y que el ecosistema mundial tiende al colapso. También es el elemento motivador y la justificación programática de numerosos movimientos que intentan reivindicar la causa ambiental, plantear la crítica constructiva o destructiva, o implementar la acción positiva o especulativa. En paralelo a lo anterior, existen evidencias tanto para apoyar como para rechazar esta generalización, y desafortunadamente, la preocupación ecológica ha sido acompañada del principio erróneo de que la ciencia y la tecnología son, de una u otra manera, la única causa de los problemas de la humanidad. Según afirman algunos críticos ambientales, si los científicos cesaran de jugar con el mundo, la naturaleza restablecería el balance y todo volvería a estar bien.

La trayectoria evolutiva del mundo es un fenómeno cíclico, iniciado desde la aparición del ser humano sobre la tierra. Después de períodos de equilibrio global, caracterizados por etapas de progreso acelerado y de expansión optimista, ha surgido la decepción y la necesidad de evaluar los aspectos negativos de dicha evolución. Pasada la ola de optimismo, se ha manifestado la sombría realidad de los hechos, y así ha ocurrido de modo sucesivo a lo largo del paso de los siglos. No es extraño que durante este proceso se hayan alternado posiciones de catastrofismo y utopía, generando ciclos que se han retroalimentado dando lugar a un contexto de continuidad que ha perpetuado las peculiaridades de la relación hombre-medio.

Ante la incertidumbre, el ser humano se ve obligado a refugiarse en una posición de espectador pasivo que basa sus actos en la improvisación, actitud que pone en riesgo el concepto de sostenibilidad. Para superar esta situación, la ecología necesita implementar las iniciativas necesarias para el equilibrio ambiental con una buena dosis de anticipación. Por lo tanto, se debe rechazar toda actitud de pensamiento parcial, ya que poco se puede lograr si no se analizan con criterios transversales todos los aspectos que configuran la diversidad de un entorno dinámico, diverso y complejo. Intentos aislados para resolver cuestiones que requieren de un enfoque global, estratégico y pluridisciplinar, solo conducen a resultados parciales y temporales. Desde el punto de vista ético, toda acción que genere efectos ambientales no debe ser planteada aisladamente si se quiere asegurar a la sociedad las necesarias condiciones de estabilidad en un entorno sostenible.

La sociedad debe asumir y desempeñar un papel activo, responsable y consciente en el área de las decisiones relativas a su entorno, para asegurar que el suelo, el agua y los demás recursos naturales no sean explotados en forma derrochadora, o utilizados de modo incompatible con el interés universal. La falta de conciencia y de abstracción, así como la presunción desmedida de conocimiento, tienden a desviar hacia simplificaciones extremistas las decisiones de quienes tienen la responsabilidad de dirigir, controlar y explotar las fuerzas de la naturaleza.

Por otro lado, la creación de problemas de gran magnitud lleva también a la adopción de soluciones equivocadas, porque la omisión de parte de los factores en juego impide llegar a conclusiones objetivas. De allí la necesidad de definir con rigor las obligaciones y funciones de las entidades legislativas, gubernamentales y sociales, para exigir de ellas no solo rigor en el terreno material y operativo, sino además el ejercicio de principios éticos compatibles con la gestión responsable e inteligente de las relaciones del ser humano con su entorno natural.

Considerando la relatividad de los conceptos absolutos de "bien" y de "mal" o de "causa" y de "efecto", se hace necesario fijar pautas bien definidas en lo que concierne a la conservación de los recursos naturales, a la educación, y a la acción enfocada a la obtención de beneficios prácticos del conocimiento teórico y del razonamiento aplicado. Es de gran importancia saber aprovechar la experiencia y el conocimiento, siempre y cuando su aplicación se acomode a las situaciones surgidas de la propia acción. En un mundo de cambios permanentes y de relaciones complejas, es forzoso abandonar los tradicionalismos y los pensamientos doctrinarios estáticos, y sustituirlos por una acción positiva y responsable. Como en toda ciencia, la ecología debe practicarse teniendo en cuenta la aceptación de valores que contemplen acciones compatibles con la esencia humana.

El comportamiento constructivo o destructivo del hombre en su medio se modifica y evoluciona a través del vínculo indisociable de todos y cada uno de los individuos con su complejo y diverso sustrato natural. El ser humano tiene la responsabilidad de diseñar políticas y acciones serias para cuya implementación cada ciudadano, independientemente de su condición, debe aportar su parte de colaboración. En último término, esto no significa otra cosa más que el tributo obligatorio que debe pagar quien hace uso, y a veces abusa, del medio en que vive. Una de las mayores debilidades de la civilización contemporánea la constituye el excesivo valor que da a las cosas superfluas, y el abuso que hace de ellas en deterioro del medio, a menudo con fines absurdos. A pesar de que a veces las actitudes de consumo son inconscientes, el ser humano experimenta un enorme sentido de frustración cuando es privado de un producto que utiliza por moda o rutina, sin necesidad, y sin ser consciente de las connotaciones ambientales de esta actitud.

La evolución cultural, más que la biológica, ha sido la responsable de los avances y retrocesos que han marcado la trayectoria ambiental de la humanidad. La evolución cultural ha sido de tal magnitud, que ha superado el carácter biológico del ser humano, y lo ha subordinado al uso prioritario de la inteligencia. La asignatura pendiente de la humanidad es su evolución ética, que aún no ha sido manifestada como tal, por lo menos en lo que respecta a sus relaciones con el medio ambiente y consigo misma.

Las decisiones para la acción deben ser tanto de orden ético como de gobernanza, y no sólo de índole tecnológica y económica. El concepto de ética ha de prevalecer sobre cualquier otro planteamiento, ya que en esencia obliga a cada integrante de la sociedad a identificarse no sólo con las acciones globales de defensa de la integridad de su entorno, sino también con las consecuencias de los efectos negativos que puedan afectarlo como resultado de agresiones o de falta de planificación. La única fórmula viable para evitar una eventual catástrofe humana se basa en construir una sociedad diferente, que asuma nuevos modelos de producción y consumo ajustados a la capacidad de sustentación de la tierra, que fortalezca el equilibrio dinámico entre dicha sociedad y el medio físico que la sustenta, y que permita la organización de sistemas de convivencia ajustados a la recuperación de valores que favorezcan implantar con éxito estos principios.

Alcanzar tal objetivo requiere tanto de una nueva conciencia social como de un nuevo conocimiento económico. Gran parte del problema ambiental deriva de la propia naturaleza humana, puesto que la actitud antropocéntrica del individuo no ha variado ostensiblemente a lo largo de miles de años. Cualquier intento de reconducir esta situación debe tener en cuenta la complejidad del medio y la variedad de alternativas que deben ser implementadas de modo global y transversal, sin olvidar el mandato ético que obliga a asegurar la correspondencia que es obligatorio mantener entre el ser humano y el resto de manifestaciones de vida organizada que con él comparten el mismo sustrato.

El cambio de actitudes, la aceptación consciente de nuevos valores, y la adopción de una ética responsable, constituyen un reto inexcusable para conseguir que objetivos que en principio puedan parecer utópicos, sean alcanzables. Cumplir con este mandato requiere de un mínimo de voluntad y de sensibilidad, y asumir la trascendencia de la relación que vincula indisociablemente al ser humano con su entorno de vida.

7 - Conciliación Intergeneracional

Frente a la necesidad de inculcar cambios drásticos en lo referente a modelos de producción y a hábitos de consumo y comportamiento, las prioridades se han de centrar en la adopción de estrategias de sensibilización y formación dirigidas sobre todo a la juventud, el estrato de la sociedad más consciente en relación con una situación cuya evolución y consecuencias pueden afectar seriamente a su futuro. Los jóvenes integran el estrato social más sensible y dispuesto a colaborar en la búsqueda e implementación de medidas paliativas y correctoras que permitan eludir el caos ambiental y climático.

Es difícil modificar las actitudes de la población adulta, que suele ser reacia a los cambios, sobre todo si dichos cambios implican la adopción de paradigmas transgresores y disruptivos que le obliguen a abandonar los "nichos de confort" en los cuales se ha instalado tras largos períodos de cómodo ajuste a modelos amparados por una aparente bonanza.

Además, es difícil estimular que la población adulta, ya encaminada en la última etapa de su vida, acepte hacerse responsable de una crisis ambiental y climática por la cual ya no se siente amenazada a corto plazo, y obligarla a reconocer que gran parte de los problemas originados por el calentamiento global y la sobreexplotación de los recursos de la tierra son debidos a no haber tomado a tiempo las medidas preventivas o correctoras para controlarlas en el debido momento.

Actualmente coinciden en el tiempo tres generaciones: los "Senior", los "Junior" y los "Millennial". Los integrantes de cada uno de estos grupos luchan por alcanzar y defender su protagonismo y liderazgo en los escenarios de la sociedad, de la empresa y de la política del mundo global, y el proceso de transición hacia la economía verde debe tener en consideración la necesidad de garantizar la convivencia armonizada y productiva de cada una de dichas generaciones, con el fin de asegurar la creación de valor respetando los fundamentos de la sostenibilidad. El grado en que se logre sintonizar los intereses, motivaciones y aportaciones de esas tres generaciones marcará la velocidad con la cual sean alcanzados los beneficios de la circularidad.

Los "Senior" deberán valorar su experiencia, pero necesitarán también adaptarse a los cambios exigidos por la evolución de las tecnologías, la necesidad de modificar los esquemas y hábitos de producción y consumo, y la obligación de asumir los nuevos paradigmas requeridos para vivir y trabajar en este contexto.

Los "Junior", los actuales detentores del quehacer político, empresarial y económico, deberán adoptar posiciones flexibles y estar dispuestos a trabajar impulsando el cambio de los modelos tradicionales de producción y consumo con una proyección enfocada a la sostenibilidad, sin descartar el valor del conocimiento y de la experiencia acumulados por los "Senior".

Y los "Millennial", protagonistas de la innovación, serán los mayores impulsores del cambio, al ser los portadores de las herramientas que más destacarán a lo largo del proceso evolutivo del mundo global: la digitalización, el "big data" y la industria 4.0.

Teniendo en cuenta la simultaneidad intergeneracional y el contexto económico, social y geopolítico de la era global, el camino hacia la sostenibilidad es un proceso complejo. Consolidar los principios y fundamentos circulares no es tarea fácil, y puede que el cambio no se logre en el transcurso de una sola generación, a menos que se adopten esquemas de gobernanza que permitan impartir a las actuaciones pertinentes el sentido de compromiso que requiere el alcance de objetivos que requieren enfoques holísticos, sistemáticos y transversales.

MODELOS DE PRODUCCION Y CONSUMO SOSTENIBLES
APROXIMACION DEL CICLO TECNICO AL CICLO BIOLOGICO
Fuente: Ellen McArthur Foundation

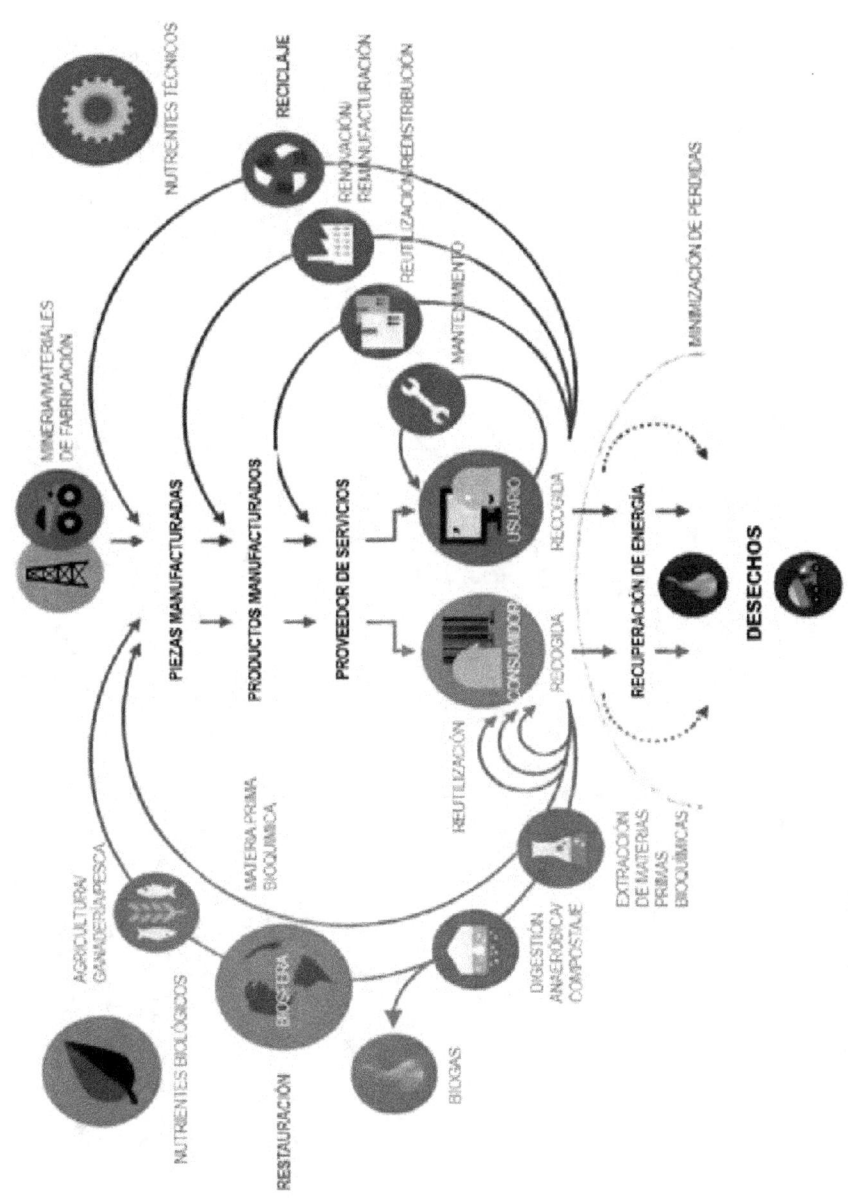

5

AREAS Y SECTORES CLAVE PARA ASEGURAR LA ESTABILIDAD DEL MUNDO GLOBAL

Apostar por el desarrollo sostenible Obliga a definir estrategias y a desarrollar acciones responsables en todos los sectores de actividad, asumiendo modelos de comportamiento restauradores y regenerativos.
El importante asegurar que los recursos mantengan su valor a lo largo de todo el ciclo de producción, uso y consumo, teniendo en cuenta los aspectos económicos, ambientales y sociales, respetando el principio de "cerrar el ciclo de vida", y potenciando el rendimiento integral de las cadenas de valor.

Consolidar la sostenibilidad constituye un objetivo para el cual es necesario utilizar herramientas preventivas, regenerativas y recuperadoras y aplicarlas de modo sistemático e integral, comprometiendo durante su puesta en marcha e implementación a todos los actores implicados en la acción. También es fácil deducir que estrategias de esta naturaleza deben hacerse extensivas a cualquier sector de actividad, y ser aplicadas con rigor y enfoque transversal con el fin de hacer del modelo económico circular una alternativa conservadora y regeneradora de valor.

A lo largo de las páginas que siguen se describen algunos de los sectores más críticos y relevantes donde el proceso de optimización del uso de recursos está demostrando su valor como instrumento para racionalizar los esquemas de producción, distribución y consumo en el mundo globalizado, y para reconducir la acción hacia el logro de efectos estables. Por su especial relevancia, y también por ser aplicables a cualquier sector de actividad, las observaciones relacionadas con el ciclo hídrico, la energía y los residuos se exponen más adelante de modo separado en apartados monográficos, con el propósito de analizarlos con una visión más detallada.

ENTORNO URBANO Y EDIFICIOS

El papel de las Ciudades en el aseguramiento de la Sostenibilidad

Antes de mediados del presente siglo, las ciudades del mundo se enfrentarán a desafíos sin precedentes. El crecimiento acelerado de la población mundial, junto con la concentración masiva de personas en los centros urbanos, obliga a aceptar que las ciudades tendrán que estar preparadas para afrontar los retos sociales, ambientales, territoriales y de disponibilidad de infraestructuras y servicios que se avecinan. Especial notabilidad adquirirán situaciones tales como el desempleo, la crisis de los sistemas de transporte público, el suministro de alimentos, agua y energía, la generación de residuos, la seguridad pública, el aumento de las desigualdades sociales y el incremento de la delincuencia, así como el deterioro de las relaciones de convivencia que surge como consecuencia de la desmesurada concentración de la población y de la deficiente orientación de los fenómenos migratorios. Además, las personas deberán tener en cuenta la necesidad de asimilar los retos derivados del avance y el desarrollo tecnológico, y de adoptar nuevos esquemas de comportamiento que les obligarán a remodelar drásticamente sus hábitos de consumo y sus estilos de vida y trabajo.

En las ciudades concurren innumerables factores que condicionan su estabilidad como núcleos sociales y económicos. Gestionar los aspectos clave de un escenario dinámico y pluridisciplinar constituye un requisito esencial para garantizar la resiliencia y la sostenibilidad del sistema urbano.

Con anterioridad se aludió a que más de la mitad de la población mundial reside actualmente en zonas urbanas. Naciones Unidas estima que la población mundial alcanzará los 10.000 millones de personas en el año 2050, y que dos de cada tres personas, el 66%, vivirán en ciudades, comparado con el 54% actual y el 30% del año 1950. En el año 2000, había más de 200 ciudades con más de un millón de habitantes, y 23 metrópolis con más de 10 millones de ciudadanos. 2.500 millones de individuos se unirán pronto al grupo de personas que viven en las ciudades. Llegado ese momento, la demanda de recursos esenciales como el agua y la energía adquirirá dimensiones incompatibles con el actual modelo de producción y consumo, a lo cual se deberá añadir el incremento de la contaminación y de la generación de residuos, aspectos que deberán ser gestionados anteponiendo criterios de máxima seguridad.

Esta tendencia comportará importantes consecuencias para el transporte, la vivienda, la salud, el trabajo, la seguridad y las relaciones de convivencia, y será acusada con mayor dramatismo en los países en desarrollo, donde la dinámica migratoria de zonas rurales hacia las urbes se manifestará con mayor intensidad como resultado de la búsqueda de oportunidades de trabajo y de mejores niveles de vida y bienestar por parte de personas que, desatinadamente, son atraídas por las ilusiones que crean los entornos urbanos orientados a la espectacularidad, prescindiendo de la necesaria funcionalidad.

Pese a que actualmente sólo ocupan el 2% de la superficie del planeta y albergan a más de la mitad de la población del mundo, las ciudades consumen el 75% de la energía producida, y generan entre el 70% y el 80% de las emisiones globales de CO_2. En las urbes, a la creciente demanda de recursos hídricos y energéticos, se suma su contribución al calentamiento global y su impacto en el clima, con efectos perjudiciales para la seguridad, la salud y la calidad de vida de los ciudadanos. Para asegurar un futuro acogedor en las ciudades no sólo se requiere disminuir el impacto ambiental de las actividades humanas, sino también redefinir las condiciones de movilidad y acceso, la gestión de residuos, el transporte, el aislamiento de los edificios y la gestión integral de la energía, del agua y del territorio como un todo, aproximando los ciclos técnicos a los ciclos biológicos. El nivel de éxito de iniciativas de esta naturaleza se basará en las decisiones tomadas por los responsables de la gestión de las propias ciudades, pero la toma de conciencia de todos los actores que se han de comprometer con ellas serán esenciales cuando se trate de asegurar la sostenibilidad en el medio urbano.

Las ciudades de todo el mundo están creciendo y consolidando su posición como centros de poder económico, social y político. Esta realidad viene inevitablemente acompañada de problemas, ya que muchas situaciones que los causan son consecuencia del modelo económico lineal. Tanto si se trata de artículos derivados del ciclo industrial, tales como vehículos, electrodomésticos y equipamientos de edificios, o producidos dentro del ciclo biológico, como los alimentos, en las ciudades se acumula una cantidad creciente de materiales de diversa naturaleza que pueden llegar a deteriorar y colapsar el entorno urbano si no se toman las oportunas medidas de gestión, y si no se aprovechan los recursos de modo restaurador y regenerativo, evitando la presión que toda situación extrema genera en materia de estabilidad social, ambiental y económica. Aprovechando la tecnología disponible, y diseñando un eficaz sistema de información y sensibilización, las ciudades deben replantear responsablemente su modelo de control del flujo de los materiales y de la energía que circula en ellas, con el fin de diseñar y gestionar sistemas urbanos resilientes aplicando los principios de la economía circular, un modelo restaurador y regenerativo que apuesta por la sostenibilidad.

En combinación con otros fenómenos, tales como la escasez de recursos hídricos y la crisis climática, la realidad urbana tiene un impacto muy significativo en la salud y en la calidad de vida de los ciudadanos. El aumento constante de la flota de automóviles, asociada al incremento de la población, provoca contaminación y saturación de calles y carreteras. Esto conlleva importantes pérdidas económicas si se tiene en cuenta la reducción de la productividad de los trabajadores atrapados en atascos, el aumento del precio de bienes y servicios, el aumento del coste del transporte debido a los atolladeros del tráfico, el incremento de los riesgos para la salud, y el valor económico correspondiente a las emisiones contaminantes de los vehículos.

Las ciudades constituyen un entorno perfecto para la implantación de la circularidad, ya que concentra personas en territorios geográficos reducidos, y actúan como auténticos centros de innovación, facilitando el intercambio de recursos e información. Los núcleos de población incentivan el diseño y la adopción de nuevos modelos de consumo, por lo cual en ellos es ventajoso hacer partícipes a los ciudadanos en el proyecto de nuevas opciones de gestión urbana aprovechando la recopilación de la gran cantidad de información generada día a día por la propia dinámica del entorno urbano. Por esta vía es posible optimizar la eficacia integral del sistema, ya sea en lo relativo a la demanda de energía, al tráfico de vehículos, al transporte público, a la gestión del agua y de los residuos, y a la logística de distribución. Bien coordinados, el uso compartido de eficaces herramientas de gestión y la colaboración ciudadana pueden dar lugar a sinergias y a la generación de fuentes alternativas de beneficio y utilidad pública.

Hay que tener en cuenta que las ciudades no son máquinas, sino más bien cuerpos vivos que se mueven en un entorno que obliga a conciliar las características de los ciclos biológicos y de los circuitos técnicos propios de la producción industrial. El metabolismo urbano es complejo, compuesto por elementos interdependientes, lo cual obliga a considerar cada función teniendo en cuenta su impacto sobre cada una de las demás, así como en sentido recíproco. Por lo tanto, a medida que crecen los desafíos dentro de las ciudades, es necesario apostar por estrategias que permitan desarrollar la resiliencia, y evitar crear problemas colaterales. En este sentido, además de propiciar oportunidades de negocio innovadoras, la economía circular puede ayudar a los responsables de la toma de decisiones urbanas a controlar la complejidad característica de tejidos de esta naturaleza, y a sentar las bases fundamentales para asegurar su sostenibilidad.

Los logros y tendencias que hoy ofrecen la investigación y la tecnología constituyen una importante base para avanzar hacia la sostenibilidad integral en el ámbito urbano. Incluso, opciones que hasta hace poco aparecían como soluciones confinadas en el terreno de la ciencia ficción, tales como la digitalización, la robótica, la teledetección, el vehículo autónomo y el manejo de grandes volúmenes de información mediante "big data", son ahora una realidad. La propia circularidad, que al principio fue considerada una herramienta de corte utópico e idealista, hoy es reconocida como un instrumento de indiscutible valor a la hora de reconducir los modelos de producción y consumo mediante el desarrollo de estrategias que permitan desterrar la cultura de la especulación y el despilfarro. Apoyar la innovación resulta clave a la hora de propiciar que las ciudades mantengan su estabilidad económica, al tiempo que proporcionan una vida acogedora y cómoda a sus habitantes.

Ciudades, Digitalización y "Big Data"

En el ámbito urbano, "big data" representa una valiosa herramienta para facilitar el logro de la sostenibilidad integral. En tal sentido, el concepto "smart city" o ciudad inteligente, que utiliza las tecnologías de la información y la comunicación para mejorar la calidad de los servicios urbanos y reducir costes, marca tendencias que conducen a mejorar la movilidad, la logística y el transporte, a optimizar el consumo de energía, a gestionar con eficacia los recursos hídricos y la gestión de residuos, y a racionalizar numerosos servicios destinados a los ciudadanos.

Todas estas opciones se consiguen mediante la instalación de sensores específicos que recogen los datos necesarios para llevar a cabo, entre otras posibles actuaciones, el control del tráfico de vehículos, de los estacionamientos, del transporte público, de los diversos circuitos de suministro, del nivel de capacidad de los contenedores de residuos, y de los sistemas de iluminación urbana, proporcionando la información necesaria para tomar decisiones objetivas, optimizar procesos y prevenir riesgos.

Frente a los retos que plantea la evolución urbana, la obtención en tiempo real y el análisis de grandes volúmenes de datos generados por los sensores de forma continua se ha convertido en esencial. Debido a la gran variedad de fuentes de información, y a la naturaleza casi ilimitada del volumen de datos generados por la digitalización, las ciudades deben implementar estrategias de "big data" para procesar grandes volúmenes de información, extraer conclusiones objetivas y en tiempo real, desarrollar modelos de actuación predictivos, y asegurar por esta vía las adecuadas estrategias conducentes a la sostenibilidad integral.

Los Edificios y la Sostenibilidad

El entorno de la construcción ha de evolucionar hacia ofrecer algo más que refugios para las personas. Las viviendas, oficinas y centros de pública concurrencia han de ser edificios modulares, inteligentes, confortables, seguros, duraderos y sostenibles, diseñados y construidos con métodos y materiales susceptibles de ser reinventados de acuerdo con los principios de la sostenibilidad. Con creatividad, innovación y orientación preventiva, los edificios se deben convertir en focos de actividad circular para incrementar la duración del ciclo de vida de materiales y recursos, favorecer la protección de los ciudadanos, y garantizar a los ciudadanos el poder disfrutar de ambientes acogedores.

Los edificios, componentes fundamentales del tejido urbano, son entidades complejas y multisistémicas, sujetas a numerosos procedimientos individuales de control y mantenimiento enfocados a garantizar la seguridad y comodidad de sus ocupantes. A nivel mundial, los edificios consumen alrededor del 42% de toda la electricidad, más que cualquier otro activo. Expertos estiman que, de mantenerse la actual tendencia, en 2025 los edificios serán los mayores emisores de gases de efecto invernadero del planeta. Ante estos hechos, es preciso realizar serios esfuerzos para abordar la eficiencia y la sostenibilidad en el sector de la edificación, teniendo en cuenta de modo simultáneo otro requisito fundamental para asegurar el equilibrio del sistema urbano: gestionar de modo responsable los residuos que genera una población altamente concentrada, y evitar que éstos desencadenen episodios contaminantes que pongan en entredicho las condiciones de salud ambiental y la seguridad de las personas.

La aplicación de los fundamentos de la sostenibilidad en los ámbitos de la edificación y del urbanismo se ha de fundamentar en una realidad vinculante: las personas pasan alrededor del 60% de su vida laboral y doméstica en espacios interiores. Ente hecho plantea la exigencia insoslayable de garantizar adecuadas condiciones de confort, higiene, calidad ambiental y seguridad en los inmuebles dentro de los cuales viven y desempeñan sus actividades. Y dicho requerimiento adquiere especial preeminencia en el caso de edificios de pública concurrencia y oficinas, en los cuales no solo se ha de asegurar condiciones adecuadas a los usuarios que acuden a ellos, sino, además, con especial atención, a las personas que trabajan en su interior de acuerdo con esquemas de larga permanencia.

La calidad del ambiente interior en los edificios depende de múltiples factores, entre los cuales destacan la calidad del aire, las condiciones ergonómicas, la iluminación, la higiene y el aislamiento térmico y acústico. La calidad del aire disponible en el interior de los inmuebles es el aspecto que es preciso cuidar con especial rigor si se quiere asegurar un ambiente propicio para que los usuarios puedan disfrutar de un entorno cómodo, confortable y seguro a la vez.

Para conseguir y asegurar la óptima calidad ambiental en el interior en los edificios, se ha de proceder al desarrollo sistemático de adecuadas acciones preventivas, cuya base se ha de asentar desde el principio en el adecuado proyecto del inmueble, cuyo diseño ha de ser efectuado respetando los fundamentos de la sostenibilidad. Independientemente de los factores arquitectónicos y de ingeniería que determinan los detalles de la edificación sostenible, son los técnicos y profesionales específicos que han de definir y poner en práctica las especificaciones que condicionan la calidad ambiental en entornos interiores, y definir las disciplinas que conduzcan a la formulación de los correspondientes protocolos de actuación. Sobre esta base se ha de pasar luego a la aplicación práctica de métodos y sistemas de prevención y control, asentados en las herramientas y tecnologías disponibles.

Tal y como fue anteriormente indicado, el entorno de la edificación ha de evolucionar para ofrecer a las personas algo más que refugios. Las viviendas y las oficinas han de ser edificios modulares, inteligentes, sostenibles, diseñados, construidos y gestionados aplicando los principios de la circularidad. Con creatividad y orientación innovadora, los entornos urbanos se deben convertir en focos de actividad económica que propicien la recirculación y el reaprovechamiento de materiales y recursos, así como la protección de los ciudadanos y del medio ambiente. Los edificios constituyen el módulo esencial de la sostenibilidad del ámbito urbano, son unidades complejas y multisistémicas que deben ser mantenidos procurando extender al máximo su vida útil. Considerados como activos físicos, desde el punto de vista económico se ha de procurar que las inversiones efectuadas en el sector de la edificación sean amortizables en el mayor plazo posible.

Los edificios consumen parte importante de la energía total mundial. Por lo tanto, es fácil deducir que en este entorno el potencial de ahorro es significativo, así como lo es la posibilidad de reducción de las emisiones de CO_2, tanto en el caso de edificios en construcción como en edificios existentes. Considerando la demanda creciente de edificaciones en las naciones emergentes, tales como viviendas sociales, hospitales y escuelas, las posibilidades de ahorro a nivel mundial son mucho mayores. Gestionar adecuadamente la energía en los edificios tiene como fin optimizar, mediante acciones específicas, el rendimiento y la eficacia de las instalaciones que la consumen. Por esta vía, es posible hacer frente a los retos que plantea el creciente incremento de los costes energéticos, teniendo en cuenta un escenario estratégico proyectado a medio y largo plazo.

Los edificios constituyen factores determinantes de la sostenibilidad y de la optimización en el uso de recursos de todo tipo. En relación con la sostenibilidad, merece la pena destacar las técnicas de arquitectura y edificación sostenible y bioclimática, que incluyen la consideración de los criterios circulares que se han de aplicar desde la fase de diseño, y a lo largo de todo el ciclo de vida de los inmuebles. Las principales características de este y otros planteamientos de opciones sostenibles para el sector de la edificación, son las siguientes:

- **Implantación y ubicación**: el proyecto constructivo ha de tener en cuenta la orientación del edificio, la latitud, la zona climática y el entorno inmediato para obtener adecuadas condiciones de calidad y estabilidad constructiva y ambiental. La dirección de los vientos en invierno y en verano, así como la posición del sol durante todo el año, son muy importante para definir los elementos bioclimáticos de cualquier edificio. Los edificios iluminados y ventilados de forma natural, así como los que utilizan fuentes de energía alternativas, constituyen inversiones muy rentables.

- **Sistemas de automatización y gestión ambiental**: es aconsejable y ventajoso incorporar sistemas domóticos de gestión de la energía para automatizar el control de la climatización y de la iluminación en los edificios. Instalar sistemas de regulación en instalaciones antiguas, reemplazar calderas anticuadas por equipos de condensación, y utilizar bombillas de bajo consumo, son claros ejemplos de medidas conducentes mejorar la eficiencia energética y las condiciones ambientales del edificio.

- **Sistemas de construcción sostenibles**: es otro de los principios fundamentales de la aplicación de la circularidad en el sector de la edificación. Alrededor del 80% de la vida de las personas se despliega en el interior de edificios, y la mayor parte del tiempo restante dentro de ciudades. La vida urbana ha provocado el distanciamiento del hombre de la naturaleza, y las personas han perdido el contacto con los ciclos estacionales naturales. Las ciudades y los edificios se encuentran cada vez más desvinculados del territorio en todos los aspectos, menos el visual, y en este sentido resulta esencial recuperar una relación armoniosa entre los estilos de vida y el medio natural.

La descentralización y la descongestión urbana aparecen aquí como dos opciones a plantear si se desea vivir en ambientes más humanizados, y asegurar el uso de los recursos, incluidos el espacio y el territorio, de una manera más equilibrada. El empleo de sistemas pasivos de recubrimiento aislante, así como las fachadas ventiladas, aportan importantes ventajas económicas y técnicas en relación con el consumo energético, además de sus propiedades de aislamiento y protección solar, y de impermeabilidad frente a la lluvia y el viento. Es también posible disponer de este tipo de elementos elaborados con materiales reciclables.

- **Utilización de materiales sostenibles y ecológicos**: un requisito que parte de la premisa de que en los ecosistemas naturales no existe la "basura", entendida como tal desde el punto de vista coloquial. En la edificación, el desafío radica en el cierre completo del ciclo de los materiales, de modo que desde la etapa de diseño se prevea su reciclaje o su reutilización como tales, o como elementos mejorados que incrementen su valor. También es necesario medir la energía que se ha de invertir en las diferentes fases por las que han de pasar los materiales que se emplearán en la construcción, tales como su transporte, su procesamiento y su manipulación.

Existen tecnologías que permiten el diseño sostenible de procesos y productos, de tal modo que su uso y consumo sean ambientalmente beneficiosos, tal y como sucede en los ecosistemas naturales. Los materiales para la construcción pueden igualmente diseñarse y producirse para ser retornados al medio ambiente de manera segura.

En cuanto a materiales de construcción en general, se cuenta con una serie de herramientas de gestión ambiental para controlar, efectuar el seguimiento de las actuaciones, llevar a cabo medidas correctoras, y evaluar con mayor precisión el impacto de los materiales de construcción en el entorno. Estas herramientas se han de utilizar a lo largo de todo el ciclo de vida de dichos recursos, es decir, desde su extracción, procesamiento, transporte, y utilización, hasta su disposición final o eliminación.

También es necesario medir la energía que se ha de invertir en las diferentes fases por las que han de pasar los materiales que se emplearán en la construcción, tales como las antes mencionadas relativas a su transporte, procesamiento y manipulación. En este sentido, se ha de optimizar la energía que se gasta en los materiales de construcción seleccionando el aprovisionamiento local de los materiales más pesados, como piedras, ladrillos y áridos, para reducir el impacto ambiental del gasto de energía en transporte, el ruido y la contaminación acústica, y recurrir al aprovisionamiento a mayor distancia de los materiales ligeros, en los cuales la mayor parte de la energía empleada viene incorporada en ellos desde su proceso de fabricación.

El análisis del ciclo de vida de los materiales pone de manifiesto la compleja realidad de su impacto ambiental, considerado desde un punto de vista integral. Se ha de procurar la reutilización de los materiales con posterioridad a su empleo inicial para optimizar su ecuación energética a lo largo de toda su vida útil, favoreciendo la reutilización y el reciclaje. El potencial de reutilización y reciclaje debe ser tenido en cuenta en el proyecto constructivo, además de garantizar que toda la energía residual incorporada sea extraída y aprovechada antes de que el material o sus residuos no aprovechables sean depositados en un vertedero. La reutilización debe permitir destinar a nuevos usos el material empleado con anterioridad en el proceso constructivo sin someterlo a ningún mecanismo importante de transformación.

- **Innovación ecológica y ecodiseño**: es una opción de gran impacto en el sector de la edificación. Mediante la innovación ecológica, no solo es posible construir edificios sostenibles y eficientes, sino también con una imagen y unas condiciones que realzan su estética y sus condiciones de seguridad y confort. Los edificios diseñados aplicando criterios ecológicos son construidos reduciendo el empleo de materiales no reciclables y consumen menos energía, ajustándose a criterios de sostenibilidad, y facilitando la ampliación de su ciclo de vida útil, lo cual redunda también en sustanciales ahorros de índole económica.

- **Arquitectura Bioclimática y Biosostenible**: la llamada "Arquitectura Bioclimática" representa una valiosa oportunidad para alcanzar con éxito la sostenibilidad en el sector de la edificación. Los edificios consumen buena parte de los recursos y de la energía del planeta, pero ofrecen también la posibilidad de conseguir importantes ventajas si se gestionan asumiendo criterios de seguridad y de prevención, aspectos que propicia este planteamiento a través del acercamiento de la arquitectura a las condiciones imperantes en el mundo de los ciclos biológicos y climáticos.

El Diseño Biofílico en los Edificios

Hoy en día nadie duda de la necesidad de "cuidar" de las personas, ya no sólo desde la perspectiva de la prevención de enfermedades, sino también de la promoción de la salud, entendida por la Organización Mundial de la Salud (OMS) como "un estado de completo bienestar físico, mental y social, y no solamente la ausencia de afecciones o enfermedades".

Nadie duda en cuidar el planeta, respetando el entorno natural que rodea a sus habitantes. La construcción ecológica o sostenible es una práctica que sirve de guía para crear estructuras y utilizar procesos ambientalmente responsables que ahorren recursos a lo largo de todo el ciclo de vida de un edificio. De este postulado surge el reto de diseñar espacios físicos generadores de bienestar, en beneficio tanto de las personas como del planeta.

Para crear espacios físicos atractivos, sostenibles y saludables el Diseño Biofílico puede ser la vía adecuada. Fue el filósofo Erich Fromm quién acuño el término "Biofilia" en 1964, definiéndolo como el "amor por la vida", aunque quién popularizó este concepto fue el biólogo Edward Wilson en 1984. Según Wilson, "los humanos sienten una afinidad innata por todo lo viviente", una expresión más común de lo que aparentemente es posible imaginar.

Con el paso de los años y el creciente desarrollo urbanístico el término Biofilia, un concepto puramente biológico, se ha hecho extensivo al diseño de espacios. La presencia de entornos cada vez más edificados, asfaltados y digitalizados, ha dado lugar a que las personas sientan la necesidad de rodearse de la naturaleza dentro de la cual tuvo sus orígenes y desarrolló su posterior evolución. Aunque parezca algo relativamente novedoso, esta tendencia intrínseca a conectar con la naturaleza a través de los espacios se ha visto reflejada en numerosas expresiones artísticas y arquitectónicas desde tiempos ancestrales. Por ejemplo, es curioso observar el caso de los Jardines de la Alhambra de Granada, donde se recrean e incorporan en gran medida elementos de la naturaleza en su arquitectura y diseño: corrientes de agua, vegetación, luz natural, y materiales "naturales", como la piedra y la madera.

De forma genérica, se puede definir el término Biofilia como "la evocación de la naturaleza a través de la incorporación de elementos naturales en espacios urbanos o interiores, cuyo principal objetivo es el de ayudar a que las personas se sientan mejor y conecten nuevamente con el espacio". El International Well Building Institute ha valorado el diseño biofílico como una de las variables a tener en cuenta para otorgar a los edificios o interiores la certificación WELL®, primera legitimación de edificios centrada en la salud y el bienestar de los usuarios.

A la hora de aludir a "elementos naturales" se puede caer en el error de creer que un diseño biofílico consiste básicamente en la incorporación de plantas en el interior de los edificios, pero el concepto es mucho más amplio y abarca numerosas opciones. Aspectos de la naturaleza como la luz solar, el agua, el aire o los animales, pueden formar también parte del diseño biofílico, pero modelos más desarrollados señalan también la posibilidad de recrear, de manera indirecta, entornos naturales a través de texturas, colores o formas que los simulen. La atracción del ser humano por lo desconocido y su necesidad de exploración, pueden también ser satisfechas a través de la incorporación de estos aspectos al diseño de los espacios interiores.

La adopción del diseño biofílico abre un amplio abanico de posibilidades en el sector de la edificación. Se ha demostrado que la combinación de distintos elementos naturales potencia los efectos positivos que tienen sobre las personas, aunque no por ello se ha de pensar que se trata de algo complejo de implementar. En muchas ocasiones, cambios o ajustes sencillos pueden generar un gran impacto, como es, por ejemplo, cambiar la orientación de una mesa de despacho para aprovechar de manera óptima la luz solar, y aportar energía y un mejor estado de ánimo al usuario. Igualmente, aunque se consiguen los mayores beneficios con la exposición directa a elementos "vivos", es también posible emplear materiales sintéticos o reprográficos para su recreación. Estudios en ambientes hospitalarios han demostrado que enseñar a pacientes imágenes de paisajes agradables inmediatamente antes o después de una cirugía, reduce en ellos los niveles de estrés, y favorece mejores tasas de recuperación.

Los beneficios medidos y contrastados del diseño biofílico son múltiples, y afectan a la dimensión cognitiva, fisiológica y emocional del ser humano. De manera genérica, se puede afirmar que el cuerpo humano reacciona de manera positiva, activando el sistema nervioso parasimpático por disminución de la frecuencia cardíaca, la presión arterial, y otros factores, generando emociones positivas, provocando mejoras en autoestima, vitalidad, motivación, sensación de confort y salud. Además, el cerebro funciona a mejor rendimiento, aumenta la capacidad de concentración y creatividad, impactando directamente en el aumento de la productividad. No obstante, para poder diseñar medidas específicas que permitan aprovechar al máximo los recursos disponibles, la evaluación de los beneficios del diseño biofílico requerirá en cada caso el estudio previo de las necesidades y expectativas de los usuarios, y el estudio del entorno que les rodea.

BIM, Project y Facility Management

Hoy en día se dispone de tres útiles herramientas para aproximar al sector de la edificación a los requisitos de la sostenibilidad: BIM, Project Management y Facility Management.

La tecnología BIM (Building Information Modeling) permite la generación y gestión de datos de una infraestructura durante las diferentes fases de su ciclo de vida, a través del modelado en tres dimensiones y en tiempo real, y el acceso a toda la información actualizada de cada uno de los elementos. Con esta herramienta digital se obtienen maquetas tridimensionales con una representación detallada de las diferentes partes y componentes de la edificación, así como la información geométrica asociada. La tecnología abre también la posibilidad de conseguir importantes mejoras en la planificación de los proyectos, ya que permite la simulación de las fases de ejecución, estimación del presupuesto y control de gastos. De esta manera, se obtiene una visión global y evolutiva del proyecto introduciendo desde el principio criterios de optimización de recursos, ecodiseño y sostenibilidad.

Por su parte, las técnicas de Project Management permiten impartir a los proyectos constructivos el necesario rigor a la hora de definir en detalle y optimizar el empleo de los materiales constructivos, las instalaciones, el equipamiento y las diferentes etapas y secuencias en el tiempo de todo el proceso de edificación. Aplicando los principios conceptuales del Project Management, se articula y personaliza cada una de las diferentes componentes de un proyecto de acuerdo con el desarrollo secuencial de etapas basadas en un enfoque de naturaleza integradora y enfocada a la sostenibilidad integral.

La sostenibilidad de los edificios se asegura complementando el seguimiento y el control a lo largo del tiempo mediante las técnicas de Facility Management, práctica que tiene como fin llevar a cabo con rigor todas las operaciones enfocadas a asegurar la conservación y el buen funcionamiento de los activos inmobiliarios, mediante adecuadas fórmulas de desarrollo o contratación de servicios propios o externalizados, tales como equipamiento y mantenimiento de infraestructuras e instalaciones.

La implementación de la operativa de mantenimiento culmina con su integración en las plataformas de Gestión del Mantenimiento Asistida por Ordenador (GMAO) para optimizar al máximo la eficacia integral del sistema.

SECTOR AGROALIMENTARIO Y FORESTAL

A finales del año 2019 Naciones Unidas advirtió de que 821 millones de personas están en riesgo de inseguridad alimentaria en el mundo, la peor crisis humanitaria desde la Segunda Guerra Mundial. Más del 10% de los 7.500 millones de habitantes que pueblan la Tierra no tienen acceso regular a alimentos que les garantice un desarrollo normal y, por tanto, una vida saludable. Además, en la actualidad existen muchas zonas de emergencia por hambre debido a guerras, desastres naturales, desequilibrios climáticos, migraciones, menor rendimiento de los cultivos o falta de infraestructuras de procesamiento, distribución y almacenaje.

La situación empeoró después de un periodo de bonanza en que los expertos señalasen la reducción del hambre en el mundo y se lograsen grandes avances en la lucha contra la pobreza extrema, pero muchos de estos supuestos se quedaron a mitad de camino cuando el mundo se enroló en la guerra en Oriente Medio y surgió la crisis financiera del 2008, que redujo la disponibilidad global de recursos financieros. A este panorama se ha sumado el progresivo agravamiento de la crisis climática y sus secuelas bajo la forma del aumento de la frecuencia e intensidad de los desastres naturales. Además, es un hecho que la insolidaridad internacional ha ganado terreno en el mundo, lo que ha agravado las desigualdades tanto entre naciones como dentro de ellas, provocando que el problema del hambre haya vuelto a surgir como factor de preocupación mundial.

El mundo debe reaccionar de inmediato para paliar estas urgencias y resolver las causas que provocan este aumento del hambre, participando en programas y estrategias de lucha contra la pobreza, redistribuyendo equilibradamente las ayudas a las zonas donde la emergencia alimentaria es más urgente, avanzando en la lucha contra la crisis climática, y apostando definitivamente por un modelo de desarrollo sostenible. Se trata de provocar un crecimiento justo y equilibrado basado en una economía inteligente, baja en emisiones de carbono, que frene la crisis climática, que evite la desigualdad, y que no constituya una amenaza para la biodiversidad.

El sector agroalimentario se enfrenta al reto de alimentar a más de 9.000 millones de personas y aumentar la producción de alimentos en un 70% de aquí al año 2050. Urge una profunda revolución tecnológica y la transformación de los modelos de producción y distribución para hacer que las explotaciones en el campo sean más productivas, rentables y sostenibles, y que la cadena de valor alimentaria sea gestionada aplicando los principios de la circularidad para satisfacer las necesidades nutritivas de toda la población del planeta. Teniendo en cuenta que la agricultura consume el 70% del agua dulce disponible en la superficie de la tierra, resulta también imprescindible impulsar una gestión más eficiente de un recurso que es frágil y escaso, con el apoyo de las tecnologías y el conocimiento actualmente disponibles para ello.

El sector Agroalimentario ha de evolucionar hacia el concepto "smart agro" mediante la sustitución de los procedimientos lineales de extracción – producción – consumo – residuos, por modelos de producción sostenibles fundamentados en la producción ecológica y el empleo de sistemas de explotación basados en tecnologías de última generación. Bien gestionada y explotada, la tierra tiene capacidad suficiente para abastecer cuantitativa y cualitativamente de alimentos a una humanidad cuya población crece incesantemente, y cuyas exigencias y reivindicaciones en términos de calidad de vida evolucionan en el mismo sentido. Alimentar adecuadamente a la sociedad no es, por lo tanto, un problema de producción de alimentos, sino de deficiente planificación de los medios y recursos productivos, y de la existencia de vicios especulativos y distorsiones partidistas en los canales y sistemas de distribución del mundo global contemporáneo.

El sector agroalimentario constituye la "despensa" de la humanidad. La creciente presión sobre los recursos naturales, el aumento de la desigualdad, los fallos en la distribución, y los efectos del calentamiento global, son las principales causas que ponen en peligro la futura capacidad de la humanidad para alimentarse. La forma habitual de gestionar la agricultura no es una opción sostenible, y en cambio, se requieren grandes transformaciones en los sistemas agrícolas, en las economías rurales y en el manejo de los recursos naturales. Además, el aumento de la producción alimentaria y el crecimiento económico implican considerables costes ambientales. Muchas tierras de cultivo y bosques que tiempo atrás cubrieron la tierra han desaparecido por efecto de la erosión y la sobreexplotación, las fuentes de agua subterránea se agotan peligrosamente, y la biodiversidad se encuentra seriamente amenazada.

Se estima que la degradación del suelo por contaminación o mal uso representa unos costes estimados de alrededor de cuarenta mil millones de dólares anuales a nivel mundial, sin tener en cuenta los costes ocultos del uso creciente de fertilizantes, la pérdida de biodiversidad y el deterioro del patrimonio paisajístico. Mejorar e incrementar la productividad del suelo mediante prácticas sostenibles, reducir los residuos provenientes de la cadena de valor de los alimentos, y retornar nutrientes a la tierra, son algunos de los aspectos que pueden contribuir significativamente a enriquecer el suelo y a aumentar su valor como recurso.

Aplicada a la agricultura, la economía circular, al movilizar el material biológico a través de la digestión anaeróbica o de procesos de compostaje para garantizar el retorno de nutrientes al suelo, reduce la necesidad de utilizar fertilizantes químicos. Este es el principio básico del concepto de regeneración llevado a la práctica. La circularidad debe ser asumida por las empresas del sector, respaldadas por políticas públicas y movimientos sociales que estimulen cambios responsables de los esquemas de producción y consumo, y la adopción de modelos que sustituyan el esquema lineal por el circular en todo el ámbito agroalimentario.

Las anteriores evidencias son claros indicadores de que los límites de la capacidad productiva del planeta pueden verse excedidos si se mantienen las actuales tendencias de los modelos de explotación. Como contrapartida, si se desea efectuar un análisis objetivo del futuro de la agricultura y de la alimentación mundial, se ha de partir de la seria reflexión sobre las siguientes realidades, pese a que, a primera vista, puedan parecer simples deliberaciones de corte catastrofista:

- Actualmente, se producen alimentos más que suficientes para alimentar a una población mundial sana, pero la pérdida de alimentos hace que de las 4.600 kcal por persona que se producen, sólo 2.000 están disponibles para su consumo.
- En Estados Unidos, el 40% de los alimentos se desperdicia cada año, y con ellos, 350 millones de barriles de petróleo y 40 billones de litros de agua.
- En la Unión Europea, se calcula que cada año se desperdician 88 millones de toneladas de comida, lo que equivale al 20% de los alimentos producidos.
- A escala mundial, se calcula que el desperdicio de alimentos equivale al consumo de la cuarta parte del agua utilizada en la agricultura.
- Los países de renta baja suelen sufrir pérdidas significativas de alimentos por falta de instalaciones de almacenaje y distribución, infraestructuras de procesamiento, plagas de los cultivos, y mal manejo de las explotaciones y de la cadena alimentaria.
- En el ámbito alimentario mundial, buena parte de los problemas de hambrunas crónicas y de desnutrición que afligen a muchas regiones y a multitud de seres humanos del planeta, obedece más a

problemas de infraestructuras de almacenaje, transporte y distribución, que a problemas de producción.

- El "packaging" o envasado representa un elemento clave en la lucha contra el desperdicio, ya que ayuda a preservar los alimentos, a evitar su deterioro y a comunicar al cliente final las fechas de caducidad y de consumo preferente, así como varios otros consejos sobre manipulación y conservación. Pero el deficiente envasado de alimentos y bebidas conduce al excesivo uso de materiales y a la generación de residuos, que se traduce en impactos ambientales adicionales, y pone en cuestión los sistemas de embalaje utilizados. También es necesario tener en cuenta que a menudo los envases son utilizados como una herramienta publicitaria que induce a la compra compulsiva, excesiva e innecesaria.

Una acción básica para afrontar el reto de alimentar a la creciente población mundial sin aumentar la carga que supone la producción para el ambiente, consiste en reducir los residuos alimentarios. Los investigadores calculan que, dada la magnitud de las pérdidas y de los beneficios potenciales, la reducción de los desperdicios de la cadena alimentaria, incluidas las inadecuadas prácticas agrícolas y los fallos posteriores a la cosecha, constituye una práctica ineludible que se ha de ejercer de modo responsable. Los residuos orgánicos originados en la agricultura, en el sector forestal, o contenidos en la fracción orgánica de los flujos de residuos sólidos urbanos y de las aguas residuales que fluyen a través de los sistemas de alcantarillado, son habitualmente considerados como un problema, tanto en términos económicos como ambientales. Sin embargo, esta situación puede revertirse mediante el diseño de sistemas de recuperación y procesamiento más efectivos, orientados a convertir los residuos orgánicos y la biomasa en una fuente de valor, y restaurar por esta vía el capital natural.

En otro orden de cosas, cabe destacar el potencial y las oportunidades que hoy representa la práctica de la llamada "smart agro", una estrategia a la cual se aludió con anterioridad, que es análoga a la de la "smart city". Esta modalidad se basa en la adopción de la digitalización, de las herramientas de la Industria 4.0, y de las técnicas de cultivo y explotación de última generación. En igual sentido, la utilización del "big data" es de gran valor a la hora de "digitalizar" el sector agroalimentario, orientándolo hacia los principios de la circularidad, teniendo en cuenta que esta opción se centra en el desarrollo de aplicaciones que permiten la recogida de datos, su análisis y su interpretación para mejorar la eficiencia de gran variedad de funciones, tales como la racionalización del uso del agua en el riego, el control de plagas, la utilización de técnicas de cultivo innovadoras, y la optimización del almacenaje y de la logística de distribución. "Big data" sirve además para llevar a cabo auditorías, efectuar controles de trazabilidad, y basar la toma de decisiones en información estadística que permita sacar conclusiones y establecer predicciones con rigor y objetividad. En igual sentido, disponer de información fiable y precisa facilita el diseño de modelos orientados a aprovechar la meteorología, la geolocalización y la monitorización a distancia para configurar una "agricultura de precisión", orientada al manejo sostenible de los recursos productivos

El sector agroalimentario, si bien se basa principalmente en los fundamentos de la ecología, no es la única actividad económica responsable del problema ambiental, aunque sí una de las pocas directamente involucradas en ello. Por definición, es la actividad comprometida con la alimentación del ser humano, y se la identifica con la extracción desde el medio ambiente del máximo de ventajas para dar soporte a la vida, todo ello proyectado hacia un futuro caracterizado por demandas alimentarias en incesante incremento. El reto para el sector consiste en lograr un equilibrio entre satisfacer las necesidades alimenticias de una población en continuo aumento, y una producción segura y eficaz, que a la vez proteja, mantenga e incluso mejore el entorno natural.

En un contexto globalizado, sujeto a la volatilidad y a la inestabilidad del sistema económico, es necesario gestionar las inversiones en activos físicos y equipamientos procurando extender al máximo su vida útil. El sector agroalimentario no escapa a esta necesidad, y debe procurar enfocar las inversiones sobre la base de estrictos criterios de competitividad y rentabilidad. La aplicación de los principios y fundamentos de la circularidad puede generar importantes ventajas para la sostenibilidad del sector agroalimentario. Entre otras, además de las que entran en el terreno específico de la racionalización de los modelos de explotación, de la comercialización y de la distribución de alimentos, la adopción de la circularidad en las infraestructuras y equipamientos agroalimentarios puede también contribuir en importante medida a la optimización energética.

Bioeconomía y Biodiversidad

La agricultura está llamada a hacer uso de habilidades novedosas en la utilización del medio ambiente sin provocar su deterioro. El suelo constituye la única reserva de espacios abiertos y áreas verdes extensivas, representadas por cultivos, praderas, bosques y montes, además de las áreas naturales protegidas, cuya importancia es relevante para la sociedad y la protección de la biodiversidad. Las personas sienten la necesidad de espacios abiertos para el ocio, el recreo y la diversión, y para ello miran hacia la misma tierra que produce sus alimentos. De allí que el uso múltiple de la tierra, a medida que ésta se constituye en recurso escaso, es uno de los principales puntos a considerar desde el punto de vista de la planificación y de la gestión del territorio.

El valor que tienen los residuos orgánicos y la biomasa generados desde diferentes fuentes es innegable, y la meta debe ser procesarlos como recursos y aprovechar la oportunidad de extraer el potencial que contienen en forma de energía, de nutrientes o de materiales susceptibles de ser reincorporados a los ciclos técnicos y biológicos. Los residuos orgánicos originados en la agricultura, la silvicultura, o contenidos en la fracción orgánica de los flujos de residuos sólidos urbanos y de las aguas residuales que fluyen a través de los sistemas de alcantarillado, son habitualmente considerados como un problema, tanto en términos económicos como ambientales. Sin embargo, esta percepción puede revertirse mediante el diseño de sistemas de recuperación y procesamiento más efectivos, orientados a convertir los residuos orgánicos y la biomasa en una fuente de valor, y restaurar el capital natural.

Cada año se generan alrededor de 13.000 millones de toneladas de biomasa en todo el mundo para ser utilizada como alimento, energía y materia prima. Esta biomasa fluye a través de lo que se conoce como «bioeconomía». La participación de la bioeconomía en la economía global es mucho mayor en los mercados emergentes, donde se prevé que tendrá lugar el mayor crecimiento del consumo per cápita. En este contexto, el volumen de biomasa que fluye a través de la economía crecerá, ya que, tal y como fue antes señalado, se estima que se deberá aumentar la producción de alimentos en un 70% de aquí al año 2050 para hacer frente a la demanda ocasionada por el aumento de la población mundial.

Las ciudades concentran los alimentos procedentes de las zonas rurales. Casi ninguno de estos materiales regresa a la biosfera, lo que provoca la degradación del suelo, que cada vez requiere de más fertilizantes sintéticos para mantener adecuados niveles de rendimiento productivo. En cambio, con la bioeconomía es posible la recuperación de nutrientes básicos de los flujos de alimentos y de residuos animales y humanos, tales como el nitrógeno, el fósforo y el potasio, y aportar a escala global el equivalente de gran parte de los nutrientes contenidos en los fertilizantes químicos empleados en la agricultura.

Aún persisten residuos estructurales significativos en la bioeconomía, ya que alrededor de un tercio de los alimentos que se producen anualmente en el mundo se desperdician, y continúan la pérdida de capital natural y la evidencia de externalidades ambientales negativas en el ciclo de la biomasa y de los recursos naturales, como consecuencia de la falta de políticas y de procedimientos de gestión sostenibles.

En el sector forestal, la situación es similar. Implantar adecuadas técnicas de gestión forestal, a la vez que se toman medidas para evitar la deforestación y prevenir los incendios forestales, constituye una alternativa básica para compensar y aminorar la generación de las emisiones de gases de efecto invernadero que conducen al calentamiento global. La deforestación no tiene solamente un impacto directo en entornos locales, sino que genera efectos adversos en todo el planeta. Los árboles tienen la virtud de transformar el CO_2 en oxígeno, y es precisamente el CO_2 el gas que más se emite como consecuencia de los métodos exagerados de producción y consumo empleados desde el inicio de la revolución industrial. Si en lugar de cuidar los bosques se destruyen, la concentración de este gas en la atmósfera será cada vez mayor.

Es fácil deducir las ventajas de aplicar los principios de la bioeconomía y de la circularidad en el ámbito agroalimentario y forestal. El Foro Económico Mundial estima que, a nivel mundial, los ingresos potenciales de la cadena de valor de la biomasa, que comprende la producción de insumos agrícolas, el comercio de biomasa y los beneficios de las "biorrefinerías", son considerables. Sin embargo, aunque tales alternativas ofrecen enormes oportunidades comerciales y de mercado, plantean también numerosos desafíos. Tal y como fue anteriormente subrayado, aún persisten residuos estructurales significativos en la bioeconomía, y alrededor de un tercio de los alimentos que se producen anualmente en el mundo se desperdician. Continúan manifestándose a diario la pérdida de capital natural y las externalidades ambientales negativas en el ciclo de la biomasa y de los recursos naturales, como consecuencia de la falta de políticas y procedimientos de gestión sostenibles.

La posibilidad de aumentar la producción como solución de los problemas de alimentación de la humanidad es limitada, porque los cambios a propiciar deben también tener en cuenta qué se ha de hacer con los residuos de las explotaciones ganaderas y avícolas, de las agroindustrias, y de otras actividades afines, al margen de planificar de modo racional la ubicación de dichas actividades dentro del territorio, y de preservar la calidad del suelo. Los ecosistemas creados por la agricultura extensiva son inestables, vulnerables, no son autosuficientes ni propician la biodiversidad, y los beneficios que aportan al hombre deben considerarse en justa proporción con la utilización de los recursos naturales y el equilibrio ambiental universal. Los ecosistemas naturales, como parques naturales o similares, son de gran valor, no sólo por su contribución al bienestar de la sociedad y de la salvaguarda del medio ambiente, sino también como fuente de información para la investigación y la conservación de la biodiversidad.

Proyección transversal del sector agroalimentario

La cadena agroalimentaria es compleja, variada y de naturaleza pluridisciplinar. En ella intervienen componentes que van desde la producción agrícola primaria, pasando por los procesos de transformación y elaboración de alimentos, hasta llegar al consumidor por la vía de complejas redes de distribución y comercialización. Entre todas estas etapas, se establece un tejido de relaciones e influencias recíprocas que se deben gestionar estimulando estrategias transversales que comprometan a todos los agentes que compartan intereses en la cadena, para así proyectarlas hacia objetivos de sostenibilidad integral.

La transversalidad obliga a que todos los protagonistas de la cadena agroalimentaria deban ejercer esquemas de liderazgo y gobernanza ajustados a nuevos modelos de negocio y de consumo, e interactuar de modo responsable para buscar soluciones a los problemas de modo novedoso e imaginativo. Deben dejar de lado los intereses y enfoques partidistas, huir de las tentaciones especulativas y del despilfarro, y respetar el contexto de la realidad actual y de las experiencias del pasado.

Al igual que en todo ámbito de actividad, solo si se aplican los principios y fundamentos de la circularidad y de la transversalidad en el sector agroalimentario será posible alcanzar la sostenibilidad integral del sistema, y así cubrir las necesidades de una población en continuo aumento, a la cual es esencial garantizar una alimentación equilibrada y saludable.

RECURSOS HIDRICOS

El agua es un recurso escaso y frágil, cuyo uso debe ser planificado con responsabilidad en cualquier sector de actividad y ámbito territorial. La buena gestión constituye un requisito determinante a la hora de establecer la apropiada distribución y utilización de un elemento vital, cuya disponibilidad adquiere día tras día dimensiones críticas en el contexto de la era global.

Persisten a nivel mundial serios desequilibrios entre regiones, y también entre urbes y zonas rurales, en la distribución del agua, y buena parte de la población del mundo aún no tiene acceso al agua potable. En la industria, en la agricultura y en las ciudades, importantes consumidores de este recurso, se deben adoptar medidas rigurosas en este sentido, entre las cuales destacan la necesidad de optimizar las redes de distribución, promover el empleo de sistemas de regadío eficientes, y mejorar las técnicas de depuración y reutilización de aguas residuales. Y en los edificios en particular, independientemente de su naturaleza y condición, es donde se pueden obtener ventajas destacables con relación a la racionalización y reducción del consumo de agua.

Con anterioridad se recalcó que los recursos hídricos del planeta son escasos y frágiles, y que adolecen de serias anomalías en cuanto a su gestión y distribución, lo cual se ve agravado debido a la distorsión del ciclo hídrico como consecuencia de los efectos del calentamiento global, de la crisis climática, de las sequías y de las inundaciones incontrolables. La circularidad propicia alternativas conducentes a la optimización del consumo y de la distribución del agua, a la vez que estimula las tecnologías de depuración y reutilización en sectores de alto consumo, tales como la agricultura, la industria, el entorno urbano y el ámbito doméstico. La gestión del ciclo integral del agua abre múltiples posibilidades para la transición ecológica, sobre todo a través de la reducción de pérdidas, mejoramiento de la distribución, y optimización de la eficiencia en el uso.

La gestión eficiente del agua es una necesidad imperativa, ya que es indiscutible que ejerce un impacto directo sobre la salud de las personas y la estabilidad ambiental. El agua, como recurso, es tanto o más importante que la energía, y su escasez en el mundo conduce al requisito de tener muy en cuenta que uno de los problemas más urgentes de resolver es garantizar la estabilidad de su abastecimiento.

En el sector de la edificación se cuenta con métodos y sistemas que permiten optimizar la gestión y el consumo de agua en los inmuebles en consonancia con los principios de la circularidad. El reciclaje, la recuperación y la reutilización del agua son formas eficaces de preservación de este recurso natural, y las medidas de ahorro de agua constituyen una forma tangible de poner en práctica los planteamientos que conducen a la sostenibilidad del ciclo hídrico, para lo cual se han incentivar hábitos de comportamiento y consumo responsable por parte de los ciudadanos. Entre otras numerosas medidas de ahorro de agua en los edificios, cabe destacar las siguientes:

- Instalación de grifos automáticos y con limitadores de caudal.
- Uso de inodoros de doble descarga.
- Instalación de urinarios sin agua o con descarga activada por sensores.
- Selección de electrodomésticos de bajo consumo.
- Depuración y recuperación de aguas residuales.
- Captación y almacenaje de aguas pluviales.
- Sustitución de bañeras por duchas.
- Control del consumo mediante contadores.
- Detección oportuna de fugas y filtraciones.
- Mantenimiento y conservación de las instalaciones de agua.

En anteriores apartados se destacó que la agricultura, actividad básica para la alimentación del hombre, utiliza el 11% de la superficie terrestre, pero en cambio, es responsable de alrededor del 70% de las extracciones de agua, cifra que se eleva hasta el 90% en los países en vías de desarrollo, cuya economía se basa fundamentalmente en actividades agrícolas. El uso del agua en la agricultura aumenta de modo continuo a medida que crece la población mundial y el consecuente incremento de la demanda cuantitativa y cualitativa de alimentos, a lo cual hay que añadir como inconveniente los efectos de las sequías crónicas, producto de la crisis climática. También incide en esta realidad el surgimiento de problemas colaterales, como la contaminación global, otro factor que afecta directamente la calidad y la cantidad de agua disponible y su distribución en todo el planeta. Por otro lado, las actividades agrícolas de tipo extensivo son responsables de la contaminación del agua por el mal uso de fertilizantes y pesticidas, por la deficiente gestión de los purines, y por el empleo de técnicas de regadío que no tienen en cuenta el uso racional del agua, incrementando su consumo indiscriminado más allá de las necesidades reales.

Es posible optimizar el uso del agua en la agricultura y en las industrias agroalimentarias a través de las siguientes practicas:

- Perfeccionamiento de las técnicas de riego.
- Fomento del "smart agro", agricultura de precisión.
- Prevención de la deforestación y erosión.
- Optimización del ciclo hídrico.
- Racionalización de las redes de distribución.
- Control y mantenimiento de infraestructuras e instalaciones.
- Eliminación de vertidos contaminantes.
- Uso responsable de fertilizantes y pesticidas.
- Control de los sistemas de embalse y almacenaje.
- Depuración y reaprovechamiento de aguas residuales.
- Control de pérdidas, fugas y filtraciones.
- Control de la huella hídrica y ambiental del sector.

La gestión rigurosa del ciclo del agua abre múltiples posibilidades para lograr una transición ordenada hacia la sostenibilidad integral si se controlan las pérdidas por deficiente distribución, se adoptan oportunas estrategias de prevención en lagos, embalses y cuencas fluviales, y se fomentan la eficiencia en el uso del agua, la reutilización, y el aprovechamiento racional de las aguas freáticas y pluviales.

EL AGUA, UN RECURSO ESCASO Y FRAGIL

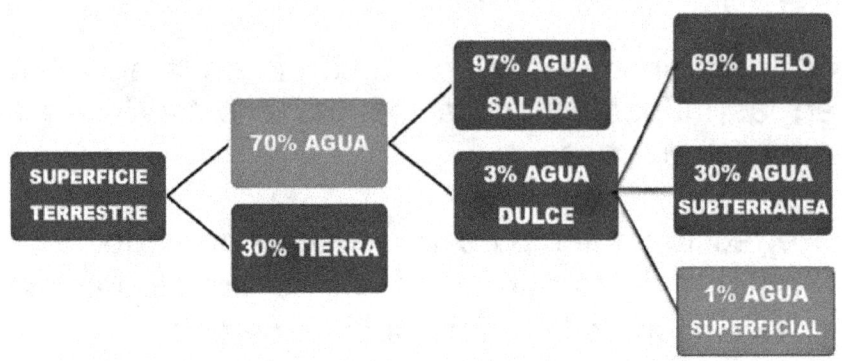

Distribución del agua en la superficie terrestre

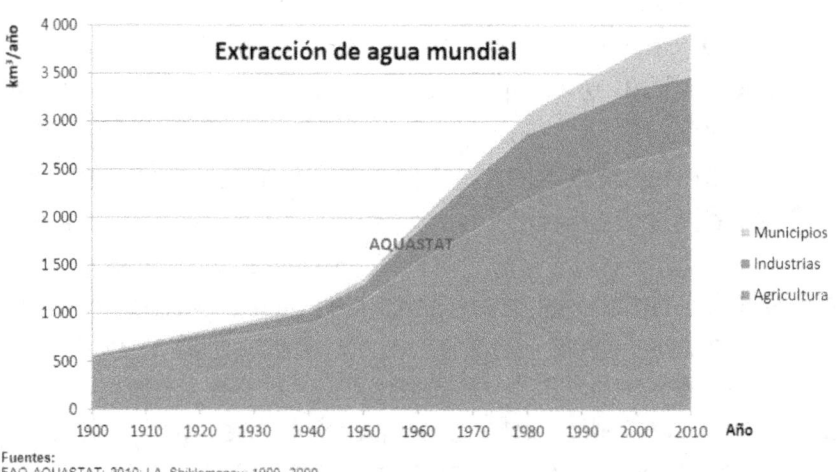

Extracción mundial del agua en Municipios, Industrias y Agricultura

ENERGIA

Los dos aspectos clave que propicia la economía circular para gestionar la energía de modo sostenible y evitar las agresiones al clima, son la reducción de la generación mediante la combustión de materiales fósiles, y la incorporación al sistema energético de fuentes de energía renovable, principalmente la solar y la eólica, alternativas cada día más económicas, rentables y eficaces.

No obstante, hay que destacar que, al día de hoy, pese al auge de la conciencia ambiental por parte de la sociedad, el calentamiento global sigue aumentando, y desplazar el uso de combustibles fósiles a cambio de implantar las energías renovables no es tarea fácil ni rápida. La magnitud de los conflictos de intereses que surgen día tras día como consecuencia de un contexto geopolítico condicionado por modelos de producción y consumo arraigados en el modelo lineal, pone serios límites a esta posibilidad.

En los ámbitos urbano e industrial, importantes consumidores de recursos energéticos, las acciones dirigidas a la sostenibilidad deben centrarse en promover el uso de energías renovables, y en estimular el uso eficiente de los recursos energéticos a través de la impulsión de redes centralizadas de calor y frío, de la simbiosis industrial, y de la instalación de equipamientos y dispositivos eficientes.

Los procedimientos de certificación energética de equipos, edificios e instalaciones constituyen también un valioso instrumento de seguimiento y control, a la vez que los esfuerzos en materia de racionalización de la producción, uso y distribución de energía contribuyen positivamente a la mitigación de la crisis climática causada por el calentamiento global.

Para que las energías renovables se traduzcan en una herramienta válida para alcanzar la sostenibilidad del sector, la transición energética debe apostar por el funcionamiento conjunto y armonizado de las diferentes fuentes mediante el establecimiento de redes eléctricas inteligentes, descentralizadas, interconectadas, que equilibren de modo transversal los sistemas de producción, de distribución y los esquemas de consumo.

Al igual que en el caso del agua, la adecuada gestión de la energía basada en la colaboración de los usuarios domésticos puede contribuir a generar importantes niveles de ahorro. En tal sentido, los beneficios más importantes se generan como consecuencia de la adopción de medidas basadas en el sentido común y en la aplicación de iniciativas de optimización, tales como:

- La habilitación de viviendas con sistemas de aislamiento térmico eficaces.
- El uso de fuentes de energía renovables.
- El adecuado diseño de las instalaciones eléctricas.
- El correcto mantenimiento y conservación de las instalaciones eléctricas.
- La instalación de equipos eléctricos de bajo consumo y alta eficacia.

- El apropiado mantenimiento de las instalaciones de climatización.
- La verificación sistemática del consumo y de la eficiencia energética del edificio.

En términos generales, y a todos los niveles, el compromiso ha de ser reducir el consumo y utilizar el máximo posible de energías renovables, con el objeto de cubrir las necesidades energéticas buscando la autosuficiencia y el autoconsumo, tal y como lo permiten, por ejemplo, la instalación de placas solares fotovoltaicas, las turbinas eólicas y los paneles termosolares.

Energías renovables: un recurso cada vez más rentable y eficiente

RESIDUOS

Todas las actividades humanas generan residuos y subproductos de uno u otro tipo, en mayor o menor cantidad. Para gestionar los residuos con criterios de sostenibilidad, la economía circular estimula la eliminación, o al menos, la reducción, de la generación de residuos, y propicia su reincorporación a los circuitos productivos bajo la forma de nuevos recursos, permitiendo de este modo mantener los materiales en las cadenas de valor durante el mayor tiempo posible.

La tasa de generación de residuos está estrechamente relacionada con el nivel de ingresos económicos. El nivel de vida y la capacidad de compra de la población van en aumento, por lo que se prevé que en 2050 el mundo generará más de 13.000 millones de toneladas de residuos, alrededor de un 20% más que en 2009. Incentivar el uso y el consumo más eficientes, así como la mayor recuperación de residuos a través de la formulación de políticas públicas y estrategias empresariales sensatas, puede contribuir a reducir el flujo de residuos asociado al incremento del nivel de vida, y evitar así el derroche en el futuro.

Es indudable que la recuperación de residuos es una alternativa que permite un amplio margen de mejora, puesto que actualmente se estima que tan solo el 25% de los residuos se recupera o se recicla a nivel mundial. Concretamente, hoy en día en España alrededor del 60% de los residuos acaba depositado en vertederos, un porcentaje notablemente superior al de la Unión Europea, donde esta cantidad es del 30%. La gestión de los residuos municipales es uno de los ámbitos que ofrece buenas oportunidades para impulsar la sostenibilidad en las ciudades.

Adoptando políticas de prevención y aplicando tácticas que fomenten la recogida selectiva para favorecer la reutilización y el reciclaje, es posible luchar con eficacia contra el despilfarro, la generación de residuos, y evitar su eliminación a través del depósito en vertederos o la incineración. Mediante estas iniciativas es posible recuperar productos, componentes y materiales que luego se vuelven a introducir en los circuitos productivos, minimizando el impacto ambiental y recuperando su valor como recursos. Similares alternativas son también aplicables a la gestión circular de los residuos industriales y de la construcción, pero también cabe destacar que, en términos generales, las políticas regulatorias y de precios desempeñan un papel crucial a la hora de orientar a industrias y consumidores hacia el uso más eficiente de los recursos y la gestión responsable de los residuos.

A nivel mundial, en un escenario de inversión verde, la tasa de reciclaje en 2050 debería ser más de tres veces superior al nivel proyectado actualmente, y la cantidad de residuos que llega a los vertederos se reduciría en más del 85%. En cuanto a los beneficios para el clima, las emisiones de metano de los vertederos proyectadas para 2030 disminuirían entre un 20% y un 30%, a un coste negativo.

La gestión de residuos de equipos eléctricos y electrónicos (e-waste) basada en los principios circulares, es una de las actividades de especial interés en estos momentos debido a que sus componentes contienen sustancias valiosas susceptibles de ser recuperadas o valorizadas, pese a que también incluyen elementos residuales peligrosos y complejos. Los beneficios que se conseguirían a través la economía circular permitirían reciclar casi todos los residuos electrónicos, de los cuales se estima que actualmente se recicla solo un 15%. Este segmento está experimentando un rápido crecimiento, tanto en los países industrializados como en los de economías emergentes.

La producción de residuos constituye un importante problema no solo como tal, sino también si se tiene en cuenta sus repercusiones en la sociedad, en las personas y en el medio ambiente cuando su gestión es deficiente. Los residuos se generan antes, durante o como consecuencia de actividades industriales, urbanas, de servicios y domésticas, independientemente de su tamaño y condición específica. Cualquier insuficiencia en la manipulación, transporte, procesamiento y destino de un determinado residuo, puede generar situaciones que deben ser controladas aplicando rigurosos procedimientos de seguridad y prevención de riesgos, hecho que adquiere aún mayor notabilidad si se tiene en cuenta la enorme cantidad de residuos y la diversidad de fuentes desde las cuales son generados.

Se ha de tener también en cuenta que algunos materiales, sub productos y productos residuales son de naturaleza peligrosa. Otros, más grave aún, son consecuencia de la irresponsabilidad y del despilfarro, como es el caso de los alimentos. Fuentes diversas estiman que un tercio de la producción mundial de alimentos para las personas se pierde o desperdicia, situación del todo inaceptable desde el punto de vista ético, teniendo en cuenta que buena parte de la población mundial aún padece hambre, y reivindica de modo insistente unas condiciones seguras y sostenibles de nutrición y salud.

Los métodos tradicionales de gestión de residuos se basan principalmente en la incineración y en el depósito en vertederos. Estas técnicas implican un coste importante, no solo por lo que supone la recogida, traslado, procesamiento y manipulación de una cantidad y de una variedad cada vez mayor de productos residuales, sino también por el impacto que generan en la sociedad, la salud pública y el medio ambiente. Dicho impacto se hace evidente cuando se manifiestan la contaminación del aire por compuestos orgánicos e inorgánicos, la producción de gases de efecto invernadero, las emisiones de dioxinas, y la contaminación de aguas superficiales y subterráneas por lixiviación, escurrimiento y percolación. Si a ello se suma el desaprovechamiento de productos susceptibles de reutilización, reciclaje o recuperación, el impacto económico de estos procedimientos, aunque con frecuencia no es percibido, es aún mayor, y se ve agravado por no utilizar métodos que permitan estimar, medir y valorar el efecto perjudicial del flujo de residuos. Lo peor es que por esta vía se desprecia también la ocasión de detectar a tiempo las oportunidades de generar beneficios y de optimizar la eficiencia ambiental global.

Como algunos afirman, "un residuo es un recurso situado en un lugar equivocado", y su existencia es la demostración patente de que algo no está funcionando bien en los procesos productivos y en la prestación de servicios de la era globalizada. Implantar y consolidar el sistema circular, propiciando el ahorro integral de recursos y eliminando el derroche y el despilfarro, exige avanzar más allá de la simple teoría y de la declaración de buenas intenciones. El reto implica abordar los problemas específicos de cada sector, y encontrar las técnicas adecuadas para resolverlos.

A través de la reincorporación a los ciclos productivos de materiales residuales o subproductos que de otro modo serían desperdiciados, o incluso, mediante el desarrollo de nuevos productos, o la generación de energía a partir de materias primas residuales, es posible generar valor añadido en dichos ciclos, a la vez que se favorece la reducción de los costes operativos y se fomenta el empleo. Todo ello, siempre y cuando se adopten métodos de valoración objetivos, y que a la vez se optimicen de modo innovador las técnicas y procedimientos de producción sostenible, aplicando el principio de que "el residuo ideal es aquel que no se genera". En definitiva, se trata de replantear de modo responsable los esquemas de producción y los modelos de negocio, tanto dentro de una determinada empresa, como en el ámbito de la colaboración entre empresas e instituciones afines o complementarias, orientándolos hacia una economía más verde.

Desde el punto de vista de la sostenibilidad, como confirmación de los postulados anteriormente enunciados, y teniendo en cuenta las especiales características del actual tejido global, merece la pena analizar someramente lo que ocurre en tres áreas clave en relación con la generación y gestión de residuos: la edificación, el sector agroalimentario y la salud.

En el entorno de la edificación, los residuos representan alrededor del cincuenta por ciento de los materiales que se depositan en vertederos, que en ocasiones son gestionados de modo descontrolado. Es posible contribuir a la reducción del problema residuos en este sector, entre otras opciones, mediante la estandarización y el diseño modular, la selección de materiales reutilizables, recuperados o reciclados, y proyectando edificios flexibles aptos para ser reutilizados.

En el entorno agroalimentario los residuos y subproductos constituyen recursos productivos de gran valor cuando son reincorporados a los ciclos de producción de modo circular. Los residuos y excedentes agrícolas constituyen una valiosa fuente de materia orgánica susceptible de ser empleada como fertilizantes, o para generar energía mediante procesos de transformación de la celulosa en bioetanol. De este modo, los productores agrícolas se benefician de la venta de sus materiales residuales, obtienen a cambio un beneficio económico, y se evita que dichos materiales sean incinerados o acaben depositados en un vertedero.

En el ámbito de la ganadería, la gestión de purines ofrece importantes ventajas, no solo como vía para evitar la contaminación de suelos y fuentes de agua, sino también para aprovecharlos en el mejoramiento de los procedimientos de fertilización y recuperación de terrenos para el cultivo. Mediante técnicas innovadoras de gestión de las explotaciones ganaderas es posible reducir la producción de purines y optimizar el ciclo del agua. En igual sentido, ajustar de modo equilibrado la formulación y distribución de nutrientes a través de los sistemas de fertilización, permite mantener el equilibrio ambiental, y evitar el vertido y la dispersión incontrolada de elementos contaminantes que puedan luego generar problemas de eutrofización en lagos, o de deterioro de la calidad de las aguas superficiales y subterráneas por arrastre e infiltración de dichos elementos contaminantes.

Entre las diferentes posibilidades de valorización de residuos, subproductos y excedentes de producción del sector agroalimentario destacan alternativas basadas en los principios de la bioeconomía, tales como la reducción del desperdicio alimentario y la generación de residuos, la recogida y procesamiento selectivo de residuos, el uso de excedentes y subproductos para la elaboración de alimentos alternativos, la elaboración de piensos y fertilizantes orgánicos, y el fomento de técnicas tales como el compostaje, y la valorización energética de residuos, excedentes y subproductos alimentarios y forestales. Todas estas modalidades se han de llevar a la práctica de modo transversal, sin excluir las de carácter ineludible, como son la optimización del almacenaje y de la distribución, y la gestión del ciclo del agua.

En el sector sanitario la producción de residuos influye directamente en la seguridad de las personas. El incremento de la demanda de servicios de salud no solo trae consigo la necesidad de contar con recursos suficientes, sino también la enorme generación de residuos que, a falta de oportunas medidas de gestión, contribuye a incrementar la presión ambiental debido a la cantidad y tipología de materiales que acaban depositados en vertederos o incinerados, sin tener en cuenta que muchos de estos materiales residuales pueden ser reciclados, recuperados o reutilizados. Este hecho implica un doble coste: el de gestionar la eliminación segura de dichos residuos, y el de desaprovechar materiales susceptibles de ser reutilizados o reciclados, contando con que para ello existen técnicas que han sido probadas con éxito y eficacia en otros ámbitos y sectores.

En cuanto a residuos de alto impacto ambiental, merece especial atención el caso de los plásticos, uno de los residuos más abundantes generados en los centros sanitarios, tanto bajo la forma de envases, como de productos, objetos y materiales desechables de diversa índole. Las posibilidades de recuperación y reciclaje de plásticos mediante tecnologías avanzadas son enormes, hecho al que además hay que añadir que gran parte de los residuos plásticos hospitalarios corresponden a materiales no peligrosos ni contaminantes.

En otro orden de cosas, destinar de modo descontrolado ciertos residuos sanitarios a vertederos sin ser sometidos a tratamientos apropiados, puede dar lugar a efectos ambientales contraproducentes como consecuencia de la emisión de metano durante los procesos de descomposición, un gas de efecto invernadero causante de problemas asociados al calentamiento global y sus efectos sobre el clima. La gestión de residuos constituye una valiosa oportunidad para el sector salud si se enfoca aplicando principios circulares. Muchos residuos constituyen valiosos recursos cuyo valor se pierde si no se reaprovechan, pero si se procede a su reincorporación a la cadena de valor, se contribuye a disminuir su impacto ambiental, y se obtienen importantes beneficios económicos.

Numerosas estrategias de gestión de residuos que han demostrado sus ventajas en diversos ámbitos son igualmente válidas para el sector de la salud. Entre ellas, cabe citar la recogida y clasificación selectiva de los materiales residuales para luego proceder a la aplicación, según cada caso, de procesos de reciclaje, recuperación, valorización y reutilización de aquellos elementos residuales que lo permitan. Es evidente que ciertos residuos hospitalarios especiales y peligrosos han de ser gestionados de acuerdo con la legislación aplicable al caso, adoptando los procedimientos definidos por las autoridades pertinentes.

SECTOR SALUD

La salud es uno de los sectores en los cuales la evolución hacia la circularidad está requiriendo de más tiempo. En principio, esto es debido a que constituye un terreno cuyas connotaciones afectan a una sociedad civil sensible a aspectos que considera críticos, tales como la seguridad, la higiene, la intimidad y la confidencialidad de la información asociada. También es importante el efecto inhibidor derivado de variables que entran de lleno en el ámbito de la gran diversidad y complejidad de los agentes multidisciplinares que juegan papeles relevantes en este espacio, tales como profesionales, pacientes, fabricantes de equipamientos, responsables de inmuebles, centros logísticos y proveedores de materiales y servicios.

Desde la sanidad no se debe dejar de afrontar el reto de asegurar tanto la sostenibilidad del sistema de salud como del planeta, lo que plantea la necesidad urgente de cambiar los modelos de uso y consumo de los recursos. El incremento de la población y la creciente demanda de servicios de salud por parte de la sociedad, conducen al incremento de dicha demanda no solo en cantidad, sino también en términos cualitativos. Visitas a centros sanitarios, hospitalizaciones e intervenciones quirúrgicas van en aumento permanente en todo el mundo. Son conocidos los efectos de los cambios demográficos sobre el envejecimiento de la población, y su influencia sobre los sistemas de salud, que a menudo ven reducida su calidad y su capacidad de acción por tener que atender servicios que superan la capacidad de los medios disponibles.

Algo similar ocurre cuando se trata de hacer frente a estragos causados por epidemias, desastres naturales, accidentes de gran impacto y episodios atípicos cuyos efectos se dispersan más allá de las fronteras, situaciones que confirman la necesidad de contar con un sistema mundial, sostenible y transversal de salud.

La circularidad, aplicada a la gestión de los centros de salud, puede aportar interesantes ventajas como elemento generador de valor y como fuente de ahorro, sin dejar de lado que ambos aspectos contribuyen también a prevenir errores que pueden comprometer la sostenibilidad y la seguridad ambiental. Son conocidos los casos de sobredimensionamiento de centros e instalaciones hospitalarias, llevados a cabo con el desembolso de inversiones difíciles de amortizar en plazos razonables, y el diseño de centros de salud con equipamientos de elevado coste, que luego no son utilizados de acuerdo con su capacidad potencial, transformándose en una fuerza productiva infrautilizada y ociosa.

El sentido común indica que la sanidad no puede mantenerse al margen del enfoque holístico, regenerativo y restaurador que orienta el desempeño de la economía circular, el único camino hacia el logro de un entorno saludable y equilibrado para el planeta y sus habitantes. Para lograrlo, ha de optar por estrategias de gestión responsables, alineadas con la adopción de las herramientas que hoy en día ponen a disposición la tecnología y los modelos de gobernanza multisectorial. En este escenario, el sector de la salud, fundamental para la sociedad, no debe permanecer al margen, sino que ha de desempeñar un papel responsable para mejorar la eficiencia en el uso de los recursos y garantizar la sostenibilidad integral del sistema.

El sector de la Salud frente a las oportunidades de la Circularidad

La cadena de valor del sector de la salud consume gran cantidad de recursos primarios, tales como agua, energía, metales, plásticos y productos químicos. Además, genera enormes volúmenes de residuos por el empleo generalizado de productos de un solo uso, y por la acumulación de materiales y equipos no usados, obsoletos o caducados. En un hospital, los términos "usar y tirar" y el concepto de "un solo uso" constituyen prácticas habituales, y aunque su objetivo sea el de prevenir y reducir la propagación de infecciones, no por ello dejan de ser prácticas poco sostenibles. Como respuesta a esta situación, la sanidad debe implementar estrategias de economía circular para ganar eficiencia y convertirse en un sector sostenible y resiliente que evite generar externalidades negativas.

En el sector sanitario existen oportunidades reales para aplicar con éxito las mismas iniciativas de economía circular que han demostrado su éxito en el entorno industrial y de servicios. Tales iniciativas han sido desarrolladas principalmente en las cuatro áreas críticas que influyen de modo directo en la sostenibilidad a través de la racionalización de su gestión: los recursos naturales y materias primas, el agua, la energía y los residuos.

También son significativas otras estrategias de apoyo a la circularidad que en el sector pueden complementar de modo sinérgico el alcance de objetivos de sostenibilidad: el ecodiseño, la servitización, la recuperación y valorización, la simbiosis colaborativa y los nuevos modelos de compra y contratación. A algunas de estas estrategias se ha aludido con anterioridad, pero merece la pena insistir en las que en la sanidad adquieren carácter relevante. Todas ellas apuntan de modo directo a la protección del medio ambiente por su contribución al aseguramiento de la biodiversidad y a la reducción de los factores inductores de la crisis climática.

Entre las alternativas circulares especialmente válidas para el sector salud destaca la valorización de equipos médicos que se recuperan al final de su vida útil para ser reparados, reutilizados o refabricados. La recuperación, más que la sustitución de equipamientos médicos por elementos nuevos, es parte importante de la economía circular, al permitir la extensión de la vida útil y el mantenimiento de las características funcionales de los equipos originalmente adquiridos e instalados con fines específicos, y evitar el coste de inversión en material nuevo, salvo que este último aporte ventajas significativas derivadas de los avances tecnológicos. No solo se reducen costes y se amplía el período útil de los equipos, sino que a la vez se evita la generación de material residual que de otro modo sería desechado o acumulado como material ocioso, y despreciado como recurso de gran valor.

Además, estas opciones dan lugar a la creación de empresas especializadas que se ocupan de reprocesar productos, materiales y equipos sanitarios para que puedan volver a utilizarse en las mismas condiciones y con las mismas garantías de los de nueva fabricación, integrando sobre esta base cadenas de simbiosis y economía circular de tipo colaborativo, a las cuales se alude más adelante.

El sector sanitario es un importante consumidor de bienes y servicios, que requiere de gran diversidad de equipos médicos, instalaciones de alta tecnología, expertos y personal para brindar atención médica eficiente a la comunidad. Teniendo en cuenta que las instalaciones sanitarias son intensivas en empleo de recursos, en ellas subyace un enorme potencial para mejorar la eficiencia a través del intercambio. La contratación y compra de servicios y material sanitario deben ser gestionadas mediante modelos innovadores ajenos a toda tentación especulativa, y adoptados tanto por las empresas del sector privado como por la administración pública. El potencial de la circularidad puede generar impactos positivos a través de nuevas formas de compra responsable e innovadora, como es el caso de los contratos de riesgo compartido entre la administración y las farmacéuticas, o el pago por servicios. Estas formas de compra ahorran recursos, reducen los canales y los márgenes de comercialización, impulsan mejoras en las prestaciones, y ayudan a promover la innovación, por lo que son clave para la transformación hacia un sistema de salud más sostenible.

El interés por la economía circular y su aplicación en la práctica crece rápidamente en todo el mundo, como también la percepción de los beneficios económicos que genera, y por su contribución a la innovación, al crecimiento y a la creación de empleo. La importancia para la sociedad del sector salud es innegable, y como tal, no debe quedar fuera del debate cuando se plantea el papel que puede desempeñar en relación con la circularidad y la sostenibilidad.

Salud, Sostenibilidad y Medio Ambiente

En relación con los aspectos ambientales, la sanidad es la responsable de atender el efecto negativo de las emisiones de gases de efecto invernadero y de la emergencia climática sobre la población. La principal consecuencia de esta situación sobre los sistemas sanitarios es la generación de mayor demanda de servicios. Las temperaturas extremas agravan las enfermedades cardiovasculares y respiratorias. Los cambios del clima prolongan las estaciones de transmisión de enfermedades y alteran su distribución geográfica. La contaminación ambiental aumenta las alteraciones respiratorias y los trastornos alérgicos. Pero el peor de todos los males son los fenómenos meteorológicos extremos, causantes de desastres naturales de conocido impacto social, sanitario y ambiental.

El compromiso del sector sanitario con el medio ambiente y la sostenibilidad es innegable, y la incorporación de los principios de la circularidad a sus estrategias de acción representa un compromiso insoslayable. La transición circular sólo puede ser real y efectiva con la participación concertada de las empresas y la administración, y con la colaboración comprometida de todos los responsables del sistema. Un mercado sanitario fragmentado donde los proveedores de bienes y servicios de salud compiten en diferentes escenarios puede dificultar en gran medida este tipo de colaboración.

El concepto "economía circular" significa mantener recursos en uso durante el mayor tiempo posible a través de su recuperación y reutilización. Aplicar estos principios a la atención médica puede ayudar a aliviar la presión sobre la sanidad como resultado de ahorrar dinero y servir mejor a los pacientes. Este modelo penetra poco a poco en todos los ámbitos de la economía y de la sociedad, y es en el de los edificios, de la energía, del agua y de los residuos donde con mayor rapidez se pueden alcanzar objetivos que apunten a la sostenibilidad integral del sistema sanitario. En todas estas áreas, es posible generar ventajas adoptando iniciativas tales como el diseño y el mantenimiento racional de los establecimientos de salud, la implantación de medidas de optimización y certificación energética en los edificios, la adopción de sistemas de reducción y optimización del consumo de agua, la adopción de formas sostenibles de contratación, compra y prestación de servicios, y de programas circulares de actualización y mejoramiento de infraestructuras y equipamientos acudiendo a la reparación, la recuperación, la reutilización y el uso compartido.

La circularidad es un planteamiento que no solo se debe enfocar a la sanidad y a la seguridad del paciente, sino que además debe promover un cambio cultural en el que la adopción de nuevos paradigmas, algunos de ellos transgresores y disruptivos, sea asumida como una herramienta para desterrar de modo definitivo los malos hábitos de comportamiento. La implantación responsable de la economía circular en el sistema sanitario puede generar importantes beneficios sociales, materiales y ambientales, además de ofrecer la oportunidad de estimular la innovación, reducir costes y conducir las acciones hacia un sistema más eficiente y sostenible.

Implementar la circularidad en el sector de la salud constituye un gran desafío, que obliga una vez más a que todos y cada uno de los que forman parte del sistema sanitario participen en la acción de modo proactivo, responsable y solidario.

OCIO Y TURISMO

El cumplimiento de los diecisiete Objetivos de Desarrollo Sostenible de Naciones Unidas constituye un reto insoslayable para alcanzar la estabilidad del mundo globalizado, cuyo futuro depende en gran medida de la seguridad ambiental y del uso inteligente del territorio y del patrimonio natural. El turismo, explotado con responsabilidad, imaginación y creatividad, constituye un instrumento de gran valor para el desarrollo y el progreso de la humanidad, así como una valiosa fuente de bienestar, expansión y disfrute de actividades de ocio para toda la comunidad.

Los recursos naturales no solo se deben considerar según su ubicación en el contexto y en la dinámica del medio ambiente, sino también como una valiosa fuente de productividad. Actividades tradicionales como la agricultura, la pesca, la silvicultura y la minería, todas ellas de tipo extractivo, deben ser objeto de gestión racional con el fin de lograr beneficios sostenidos, e incluso crecientes, para satisfacer las necesidades elementales de la sociedad. En cambio, los recursos naturales considerados como fuente indirecta de riqueza se identifican con actividades no extractivas, simbióticas y asociativas con el sustrato. Los beneficios generados por esta vía son percibidos por la sociedad más por su naturaleza cualitativa que por su dimensión cuantitativa, puesto que satisfacen necesidades subjetivas e innatas de esparcimiento y distracción, ajenas a los lazos y las responsabilidades impuestas por el sistema de vida cotidiano. Esta realidad intangible, se asocia a las actividades de ocio y turismo, y su objetivo es reubicar y movilizar los instintos e inquietudes del ser humano hacia lugares a los cuales lo atrae su condición innata de explorador, aventurero y soñador. Pero también, constituye una oportunidad indiscutible de generación de valor económico.

Desde tiempos remotos el turismo ha constituido una importante fuente de ingreso y trabajo para naciones bien dotadas de condiciones naturales. Regiones de montaña, lagos, canales, costas privilegiadas, tierras exóticas, y en general, el paisaje rural, ofrecen alternativas muy competitivas en este sentido. La especial calidad de paisajes y territorios aptos para ciertos deportes, como el esquí, los deportes náuticos y el excursionismo, existentes en numerosos puntos del planeta, así como el clima de ciertas regiones, hacen que muchos sitios sean elegidos por quienes buscan recreo y descanso en un ambiente acogedor.

Las actividades turísticas constituyen una auténtica oportunidad como opción de explotación sostenible del medio ambiente, y una alternativa innovadora para potenciar el desarrollo socioeconómico de muchos países y regiones. Ante esta posibilidad, no cabe hablar exclusivamente de turismo tradicional, sino también de todas aquellas iniciativas ingeniosas que permitan utilizar el medio físico con enfoques creativos. Las iniciativas que estimulan el agroturismo, el turismo rural, el turismo cultural y el ecoturismo, constituyen buenos ejemplos en este sentido, además de su significado como opción de recuperación de áreas que puedan haber sido relegadas del proceso de desarrollo social y económico convencional. Sin embargo, el turismo debe ser organizado en equilibrio con el entorno, evitando toda posibilidad de agresión al mismo y a las actividades con las que debe interactuar en sentido recíproco y transversal. Todo lo que afecta negativamente al medio ambiente lo hace en igual medida en relación con las actividades turísticas, y viceversa, lo cual queda demostrado cuando se observan los efectos de agresiones como la contaminación de ríos, lagos y océanos, la erosión, la desforestación, la masificación y congestión de zonas turísticas y de recreo, o el impacto provocado por la especulación urbanística.

La demanda por turismo va en continuo aumento como consecuencia de la lógica evolución de los gustos, inquietudes y ansiedades de la sociedad por recuperar una dimensión más humanizada de la vida. El verdadero lujo del futuro estará representado por la posibilidad de hacer uso y disfrutar de áreas verdes, espacios naturales, experiencias culturales y lugares de esparcimiento a los cuales el turismo bien planificado facilita el acceso. El turismo, como fuente de progreso, y como toda actividad económica o manifestación social, requiere de estrategias de gobernanza transversal. Ante esta realidad, aparece la necesidad de desarrollar políticas de fomento turístico que permitan tanto el desarrollo de infraestructuras, como la creación de condiciones favorables a la atracción, bienestar y seguridad del visitante. Además, no se concibe el turismo sin una adecuada infraestructura de acomodaciones y de transporte realmente eficientes, lo cual requiere de un ordenado programa de inversiones. Paralelamente, es indispensable proteger, mantener, mejorar e incrementar la infraestructura turística, y conservar el atractivo del entorno natural que caracteriza a un determinado país, región o localidad. Preservar los recursos naturales y la biodiversidad constituye otro requisito que obliga a asegurar la compatibilidad entre las funciones turísticas, sociales y económicas.

Las inversiones en turismo no han de ser necesariamente cuantiosas, sobre todo si se actúa con imaginación y creatividad, y se evitan las tentaciones especulativas. Como toda actividad económica, el turismo no escapa a la necesidad de una rigurosa planificación, requisito que debe contar con el respaldo de campañas publicitarias de promoción que den a conocer de forma atractiva y objetiva los lugares de interés, sobre todo si éstos son remotos y poco concurridos. Dichas campañas deben describir los aspectos más representativos del paisaje, del tipismo y de la tradición del país o región, atributos singulares que es preciso conservar para mantener el sabor autóctono y el atractivo específico de un determinado lugar. Han de ser también apoyadas por ayudas, incentivos y actuaciones públicas y privadas que estimulen la implementación de los necesarios recursos materiales y humanos. A partir de este punto, las puertas se abren a nuevas actividades profesionales, técnicas y especializadas, que progresivamente habrán de ser perfeccionadas para alcanzar los oportunos niveles de eficacia.

Crear una conciencia turística y consolidar un nivel cultural compatible con la atención acogedora y educada del visitante, son otros dos requisitos llamados a constituir el rasgo más relevante de la excelencia empresarial del sector del turismo y del ocio, indispensable para el éxito de ésta y de cualquier otra clase de actividad social y económica.

El Turismo en las naciones de economía emergente

Es un hecho que el turismo mundial tiende a aumentar, y en consonancia con ello, las oportunidades no son escasas, sobre todo en naciones emergentes que disponen de condiciones territoriales favorables a su explotación como recurso para instaurar un modelo de desarrollo sostenible. En algunas naciones emergentes, el desarrollo de alternativas turísticas menos tradicionales, tales como el turismo rural y cultural, el ecoturismo y el excursionismo, experimentan gran éxito, contando con la creciente afición y demanda de estas opciones por parte de la sociedad. Los resultados de estas iniciativas son indiscutibles: la cantidad anual de turistas que visitan dichos países, así como la magnitud de ingresos generados, alcanzan cifras considerables.

Pero estas iniciativas pueden verse opacadas, e incluso bloqueadas, si la infraestructura turística y la dotación de recursos naturales no son acompañadas por las mínimas condiciones de estabilidad política y social. El grado de atracción que determinadas regiones y países ejerce sobre los potenciales turistas depende de la habilidad de sus líderes y gobernantes para garantizar un clima sociopolítico estable, que genere confianza, seguridad y tranquilidad a los visitantes, al margen del atractivo físico y cultural propio del territorio. Son conocidos los efectos de rechazo que han ejercido a lo largo de la historia las situaciones de confrontación bélica, terrorismo y conflictividad interna en países turísticamente interesantes, así como las consecuencias negativas que ello ha tenido a corto, medio y largo plazo para su imagen y para su economía.

Además de la promoción turística de cada país en particular, se requiere también actuar con enfoques internacionales y abrir las fronteras, un requisito avalado por el fenómeno ineludible de la globalización y de la integración mundial, que en el caso del turismo y del ocio adquiere especial relieve, dadas las crecientes facilidades para viajar de que dispone la sociedad, y el auge del transporte y de las comunicaciones. El éxito del desarrollo mediante el turismo está condicionado a la adopción de políticas de apoyo abiertas y ágiles, considerando que la expansión sostenida de los mercados turísticos depende directamente de la voluntad política de querer y saber aprovechar los recursos existentes con criterio progresista. Un requisito fundamental para ello es crear los incentivos que atraigan al turista, para lo cual la innovación y la imaginación creativa son esenciales.

Ante la realidad de que la demanda mundial de viajes crece a ritmos acelerados, en los países emergentes las oportunidades económicas que despliega el crecimiento del turismo internacional, sin dejar por ello de lado las ventajas del turismo interior, son de especial interés, pudiendo en ciertos casos superar a las creadas por las actividades convencionales. Sin lugar a dudas, el turismo contribuye al desarrollo de las economías emergentes de modo relevante, generando un incremento sustancial de sus ingresos.

Por otro lado, el turismo es una industria intensiva en el uso de mano de obra, razón por la cual ofrece importantes ventajas como fuente de empleo. El fomento del turismo, además de producir empleos de por sí y de estimular la demanda de artículos de producción local, aporta beneficios indirectos que se proyectan hacia los demás sectores de la economía, al dinamizar actividades afines y complementarias tales como servicios especiales, transporte, construcción, hostelería y restauración, y profesiones especializadas, como es el caso de intérpretes y guías turísticos.

Al igual que en el caso de otras actividades que implican la explotación del medio físico, al turismo, considerado como iniciativa económica, se le debe hacer extensiva la aplicación del concepto de "balance ecológico". Este término ha sido sugerido como medio de expresar objetivamente el valor del patrimonio natural y de los beneficios de su explotación, así como el posible perjuicio de las externalidades negativas que pueden derivar de la deficiente gestión de la actividad turística, aspectos que se deben proyectar a futuro respetando los principios elementales de la sostenibilidad.

El Turismo y los ODS de Naciones Unidas

El turismo y la cultura impulsan los Objetivos de Desarrollo Sostenible (ODS) de Naciones Unidas, siguiendo los parámetros establecidos por la Organización Mundial del Turismo y la UNESCO. En línea con ello, en diciembre de 2017 los lideres e interlocutores mundiales de la actividad turística y la cultura se reunieron en Mascate, la capital de la Sultanía de

Omán, como continuación de la Primera Conferencia Mundial sobre Turismo y Cultura llevada a cabo en 2015 en Siem Reap, Camboya. Los encuentros sirvieron para fijar alianzas entre los sectores del turismo y la cultura, en el marco de la Agenda 2030 de Naciones Unidas para el Desarrollo Sostenible.

De acuerdo con numerosos expertos en la materia, el turismo cultural crece en popularidad, en importancia y en diversidad, incorporando a su enfoque como actividad la innovación y el cambio. No obstante, este crecimiento conlleva asumir mayores responsabilidades a la hora de proteger los bienes culturales y naturales del planeta, base fundamental de la estabilidad de la sociedad y de la civilización.

El turismo es un recurso clave para las comunidades locales y para la conservación del patrimonio natural. El patrimonio material e inmaterial son cruciales para brindar seguridad e identidad social. Vincular cultura y turismo en el proceso de desarrollo resulta vital si se desea alcanzar los Objetivos de Desarrollo Sostenible. El diálogo y el consenso entre quienes dirigen a nivel mundial las actividades sobre turismo, cultura y desarrollo son vitales para establecer las políticas necesarias de fomento de la sostenibilidad. El contacto y el intercambio transversal de opiniones constituyen un vector de paz y de prosperidad, camino a seguir si se desea avanzar hacia el desarrollo del turismo y la protección del patrimonio natural y cultural de manera sostenible.

Para afrontar el desafío de alcanzar un turismo sostenible, se debe respetar una serie de requisitos, entre los cuales destacan la necesidad de conservar la biodiversidad, optimizar la conservación del patrimonio natural y de los valores culturales locales, fomentar la tolerancia intercultural, y estimular la disminución de la pobreza mediante el fomento de actividades generadoras de empleo estable.

Con metas como garantizar una producción y un consumo más responsables, proteger los océanos, preservar la vida de ecosistemas terrestres y lograr ciudades más inclusivas, seguras y resilientes, el turismo está directamente implicado en el cumplimiento de la Agenda 2030 de Naciones Unidas. Ante este reto, es vital cambiar el concepto de crecimiento "sostenido", término que aspira a conseguir objetivos estrictamente económicos, por el de crecimiento "sostenible", que apuesta por la mejor utilización de los recursos, la estabilidad económica, el equilibrio ambiental y el bienestar social.

6

MITOS Y REALIDADES EN TORNO A LA CRISIS CLIMATICA

Es posible seguir hablando durante largo tiempo de calentamiento global y crisis climática, pero este no es el camino para corregir los errores del pasado, los que se cometen en el presente, y los que se seguirán consumando en el futuro. Es necesario profundizar en el tema, actuar inteligentemente, y dejar de lado la demagogia, la especulación y la manipulación tendenciosa que se esconden detrás de un entorno geopolítico confuso e inestable.

Con ocasión de la primera Cumbre de la Tierra, celebrada en Estocolmo en 1972, se acuñó el siguiente "sogan": "Si no eres parte de la Solución, eres parte del Problema". Sin embargo, las repercusiones de dicha cumbre no fueron relevantes, y muchos pensaron que los propósitos entonces manifestados correspondían más bien a la reacción de ilusos, de idealistas, de utópicos, e incluso, de románticos y de derrotistas. En aquellos momentos, los temas relativos al medio ambiente y a la distorsión climática no constituían asuntos de importancia ni para la sociedad ni para los gobiernos de turno. Entonces, era más urgente resolver otras prioridades que, aunque legítimas, ofrecían la posibilidad de conseguir réditos más inmediatos para una sociedad ávida de progreso, igualdad y solidaridad, que buscaba un camino más directo hacia el logro del ansiado estado de bienestar. Pasados casi cincuenta años desde la celebración de la Cumbre de Estocolmo, hoy es posible constatar que no solo no se han paliado las causas que conducen a la crisis climática, sino que, en cambio, el fenómeno del calentamiento global sigue incrementándose de modo dramático.

Lo que comúnmente y en términos coloquiales se denomina "Cambio Climático" genera un sinnúmero de debates, controversias, contradicciones y especulaciones. Por este motivo, es conveniente clarificar conceptos que muchas veces son interpretados de modo erróneo, y analizar algunos de los aspectos que suscitan más confusión a la hora de extraer conclusiones objetivas sobre las condiciones ambientales, el calentamiento global y la crisis climática. Esta afirmación es aún más relevante cuando la relación entre ecología y economía, en un escenario de emergencia climática, ocupa un lugar sensible en la agenda económica.

El Cambio Climático a lo largo de la historia de la Humanidad

Hablar de crisis climática es, desde las últimas décadas, un tema recurrente. El tema atrae la atención de científicos, políticos, historiadores, ambientalistas y ciudadanos, quienes se refieren a este fenómeno desde distintos puntos de vista y plataformas de opinión, a menudo confundiendo los términos "cambio climático" y "calentamiento global", que no son precisamente sinónimos.

El calentamiento global genera un gran impacto en la opinión pública. La sociedad ha tomado conciencia de que la acción humana mal dirigida afecta a su entorno de vida y a su seguridad. La atención se ha centrado en los efectos del aumento de la temperatura global producida desde mediados del siglo XIX como consecuencia del incremento de los gases de efecto invernadero en la atmósfera, atribuido principalmente a las emisiones de dióxido de carbono (CO_2) por el uso desenfrenado de combustibles fósiles

El cambio climático como tal no es un fenómeno reciente, sino que tiene una larga historia que supera incluso las barreras de la existencia humana, remontándose a los tiempos más lejanos de la historia del planeta. Mediante una simple mirada en retrospectiva, es posible constatar que siglos atrás el aspecto de la tierra era muy diferente al actual. Todos los continentes estaban unidos, los océanos que hoy se aprecian como tales no existían, y formaban parte de un único y universal recipiente de agua denominado Panthalassa, el enorme océano global que en toda la tierra rodeaba al supercontinente Pangea hacia el final del periodo Paleozoico y hasta principios de la era Mesozoica.

Esta distribución terrestre produjo el aumento de las corrientes oceánicas y una diferencia de temperatura considerable con respecto a la de hoy en día. Por efecto de la tectónica de placas, las tierras se fueron separando, conformando la disposición actual de los continentes. También el llamado periodo de los glaciares, ocurrido hace dos millones de años, dio lugar a un panorama muy diferente: gran parte de Sudamérica, Norteamérica y Europa se encontraban bajo una gruesa capa de hielo, que con el tiempo se fue derritiendo, dando lugar al periodo en el cual vivimos, conocido como Interglaciar.

Los estudios científicos sobre el cambio climático se iniciaron a principios del siglo XIX, cuando se sospechó por primera vez de las épocas glaciares y otros cambios naturales en el paleoclima, y se identificó el efecto invernadero natural. A finales del siglo XIX, los científicos ya argumentaron que las emisiones humanas con efecto invernadero podían alterar el clima, pero los cálculos fueron cuestionados. Teorías más avanzadas sobre el cambio climático ganaban peso, incluyendo la influencia sobre este fenómeno de fuerzas que iban desde el vulcanismo hasta los cambios de la radiación solar.

El principal responsable del calentamiento global causante de la crisis climática es el ser humano, cuyas actividades generan emisiones de gases de efecto invernadero que hacen subir la temperatura de la tierra. Pese a que la principal causa de este fenómeno es el CO_2, responsable del 63% del calentamiento global, existen también otros componentes que contribuyen a incrementarlo, entre los cuales destacan el metano, el óxido nitroso y los clorofluorocarbonos (CFC). Estos gases se acumulan en la atmósfera y, por efecto "invernadero", la tierra se calienta en exceso, provocando las graves consecuencias ambientales, sociales y económicas que actualmente afectan a todo el globo.

A la luz de las constataciones anteriormente expuestas, es fácil deducir que el "calentamiento global", generador de anomalías climáticas cuyas consecuencias perturban a todo el planeta, no es sinónimo de "cambio climático", sino más bien la causa de lo que debería denominarse "crisis climática". En todo caso, existe actualmente un problema que no ofrece lugar a dudas, y que no debe ser despreciado: el hielo de los polos de la tierra se derrite, los ciclos de lluvia son cada vez más dispersos, irregulares y turbulentos, se producen fenómenos meteorológicos más frecuentes y extremos, cambian caprichosamente los patrones de precipitaciones y temperaturas, y aumenta el nivel de los océanos. Además, los desastres naturales, tales como sequías, inundaciones, huracanes e incendios forestales, son cada vez más frecuentes e intensos, la contaminación del aire genera epidemias y enfermedades mortales, y desaparecen componentes de la flora y de la fauna amenazando seriamente la biodiversidad. A este problema, se suma la necesidad de planificar la relocalización de ciertos cultivos agrícolas para adaptarlos a condiciones climáticas que permitan asegurar su viabilidad y rendimiento, y de gestionar los procesos migratorios de aquellas poblaciones humanas obligadas a abandonar territorios donde ya les es imposible prosperar.

Industrialización y Calentamiento Global

Un rápido y resumido análisis de la evolución de la civilización mundial a lo largo del tiempo, demuestra que resulta difícil negar la relación existente entre el avance de la industrialización y el consecuente aparecimiento de los problemas ambientales y climáticos. A lo largo del transcurso del tiempo el ser humano ha logrado grandes progresos con el avance de la tecnología. A partir del siglo XVII, el hombre inició la extracción de fósiles de la tierra, primero bajo la forma de carbón, y luego de petróleo, y desencadenó el uso de estos materiales como combustible, dando lugar al aumento creciente de las emisiones de CO_2 y, por consiguiente, al incremento de la temperatura ambiental.

En 1938 Guy Callendar se convirtió en el primer científico que relacionó el cambio climático con la actividad humana. En concreto, confirmó que el fenómeno era debido a las emisiones de gases de efecto invernadero a la atmósfera, la principal causa del consecuente incremento de las temperaturas. Habían transcurrido 100 años de industrialización del planeta, y las consecuencias negativas sobre el clima ya empezaban a notarse. Desde ese momento, se consideró a la acción humana como la principal causa de las anomalías climáticas.

En 1959, Edward Teller responsabilizó de modo directo a los combustibles fósiles como responsables del aumento de la temperatura a nivel global, una conclusión basada en una observación tan simple como la de comparar las tablas de consumo energético con las de temperatura.

En los años 60 del siglo XX, el efecto del calentamiento atmosférico producido por el dióxido de carbono se hizo cada vez más convincente, aunque algunos científicos también apuntaron que otras causas, como las emisiones contaminantes a la atmósfera en forma de aerosoles, podían también tener efectos negativos sobre el clima.

Durante los años 70, la opinión de los científicos se inclinó cada vez más a favor de los argumentos basados en el calentamiento. Durante los años 90, como resultado de la digitalización y de los avances en precisión de los modelos informáticos y de las observaciones directas, se llegó al consenso de que el efecto invernadero estuvo involucrado en la mayoría de los fenómenos de cambio climático, y que las emisiones humanas traían consigo serios problemas de calentamiento global.

Desde entonces, y hasta la actualidad, la mayoría de los trabajos científicos han sido orientados a la producción de informes estadísticos y modelos predictivos con el fin de impartir objetividad a las conclusiones. En 1988, la Organización Meteorológica Mundial (OMM), y el Programa de Naciones Unidas para el Medio Ambiente (UNEP) crearon el IPCC (Intergovernmental Panel on Climate Change). Este organismo, una organización intergubernamental de Naciones Unidas, reúne a un grupo de expertos sobre cambio climático, cuya misión es proveer al mundo con una opinión objetiva y científica sobre este fenómeno, sus impactos y riesgos naturales, políticos y económicos, y las posibles opciones de respuesta para prevenirlos y reducirlos.

Urbanismo y Calentamiento Global

En anteriores apartados se destacó que más de la mitad de la población mundial reside actualmente en zonas urbanas. Naciones Unidas estima que la población mundial alcanzará los 10.000 millones de personas en el año 2050, momento en que la demanda de recursos esenciales como el agua y la energía adquirirá dimensiones incompatibles con el actual modelo de producción y consumo, y que las emisiones de gases de efecto invernadero, causantes del calentamiento global, adquirirán dimensiones exageradas si no se adoptan medidas para controlarlas.

El crecimiento poblacional del mundo continúa siendo efervescente, lo que plantea importantes incógnitas a la hora de apostar por el desarrollo sostenible. Las ciudades aceleran la contaminación, las zonas urbanas del mundo emiten grandes cantidades de desechos, contaminan el aire y contribuyen de manera significativa al deterioro del clima, generando aproximadamente el 70% de las emisiones globales de gases de efecto invernadero. Adicionalmente, las poblaciones, especialmente aquellas situadas en áreas costeras, son altamente vulnerables a los efectos del calentamiento global, que ocasiona fenómenos meteorológicos más frecuentes y extremos, cambios en los patrones de lluvia, y aumento del nivel del mar.

Es evidente que las ciudades deben estar a la vanguardia de la acción climática, trabajando en estrecha colaboración con las autoridades administrativas y gubernamentales para definir e implementar objetivos ambiciosos, promover la acción climática integrada en todos los niveles, y adaptar las políticas e iniciativas a los desafíos locales y circunstancias únicas de los asentamientos humanos. De hecho, los Objetivos de Desarrollo Sostenible de Naciones Unidas (ODS), concretamente el ODS 11, reconoce que el desarrollo urbano bien planificado es un motor clave para el desarrollo sostenible.

Si bien las ciudades tienen un papel importante que desempeñar en términos de políticas climáticas de mitigación, su papel en la adaptación climática es igualmente importante. Es esencial incorporar la gestión del riesgo de desastres en la planificación urbana para garantizar que las ciudades sean resilientes y puedan recuperarse más rápido a un menor coste. Como ejemplo, es importante destacar que se requieren acciones responsables en el terreno de las infraestructuras de transporte y logística, que suponen un alto coste, pero que son fundamentales para estimular el crecimiento económico y proporcionar servicios adaptados a los enfoques de desarrollo sostenible. Las infraestructuras mal planificadas pueden provocar contaminación del aire y contaminación acústica, desplazamientos excesivamente largos, accidentes, y altos costes en daños debido a su vulnerabilidad a los fenómenos meteorológicos extremos y desastres naturales. Dado que las infraestructuras de transporte son costosas, es importante garantizar que los proyectos en este sector sean diseñados con criterios que apunten a la seguridad y a la sostenibilidad.

Consecuencias del Calentamiento Global

¿Cuáles son las consecuencias del calentamiento global, y cómo influye en el clima? Aunque es difícil creerlo, sus secuelas apuntan más a lo apocalíptico de lo que es posible suponer. Si se tiene en cuenta el ámbito territorial más crítico del entorno europeo, los veranos en el Mediterráneo podrían ser más largos. Se estima que en el año 2100 el verano en esta zona podría durar medio año, desencadenando las fatales consecuencias que tendría un episodio de esta naturaleza. Sequías, aumento de las temperaturas medias, e incremento de la mortalidad por calor, son ejemplos de algunos de los problemas que vendrían asociados a esta situación. De hecho, algunos de los últimos veranos se han prolongado hasta el mes de noviembre, con temperaturas superiores a 30°, y con el invierno a tan solo escasos días. Algunas estimaciones señalan que la primera gran sequía global podría llegar hacia el año 2025.

Otro elemento que dispara la gravedad del calentamiento global es la incidencia de fenómenos meteorológicos extremos que influyen en la intensidad y frecuencia de los desastres naturales.

Las tormentas eléctricas, las lluvias anómalas o los huracanes serán mucho más letales, entre otros motivos, por el aumento del calor. La subida de las temperaturas permite al aire retener más agua, potenciando los efectos adversos de dichos episodios. El deshielo glacial, el aumento del nivel de mares y océanos, la disminución de la calidad del aire, la extinción acelerada de especies de flora y fauna, son otras de las consecuencias del calentamiento global. Todos estos fenómenos tendrán además un serio efecto sobre los cultivos, generando, entre otras, la necesidad de desplazar las explotaciones agrícolas para adaptar las variedades de plantas a condiciones climáticas más favorables para su cultivo. Y como resultado, esta situación tendrá gran influencia sobre los procesos migratorios, el éxodo y la relocalización de las poblaciones desplazadas por el cambio de las condiciones climáticas, sin excluir dramáticas situaciones de inestabilidad social como consecuencia del problema de los refugiados, del empleo y de la salud.

Por otro lado, estudios científicos apuntan a que, en 2050, la temperatura global se habrá incrementado en 2ºC. Como referencia que subraya la seriedad de esta constatación, basta con destacar que, desde que comenzó la Revolución Industrial, el aumento de la temperatura en el planeta ha sido de 0,5ºC. Es decir, que en 2050 se habrá multiplicado por cuatro ese incremento.

Aunque no es fácil ni se puede lograr el objetivo con la necesaria celeridad, la crisis climática puede ser revertida y controlada, pero solo si se toma conciencia del problema, se asume con rigor y objetividad la historia del pasado, y se actúa responsablemente en el presente para asegurar la sostenibilidad de un planeta cuyo futuro adquiere matices cada vez más dramáticos.

Negación y percepción marginal de la Crisis Climática

Cuando se abre el debate sobre los efectos de la crisis climática y sus consecuencias, suelen surgir opiniones que niegan que el clima se esté viendo alterado de forma extraordinaria en las últimas décadas, y cuestionan que este fenómeno sea debido a la acción del ser humano. Estudiar a lo largo del tiempo la evolución de un asunto tan complejo como el clima, con tantos factores y secuelas implicadas, no es una cuestión sencilla. Sin embargo, a lo largo de los últimos años la comunidad científica ha llegado a conclusiones que no dan lugar a más discusiones, que no hay ninguna duda razonable sobre la influencia de la actividad humana en el clima mundial, y que esa influencia se ha traducido en el aumento de la temperatura media del planeta a nivel global.

El consenso científico corrobora que el calentamiento global es causado por las actividades humanas, y que a menudo se atribuye la negación del cambio climático a maniobras de tipo político, o a la existencia de intereses comerciales de corporaciones que producen y distribuyen productos cuyo uso y consumo afectan al medio ambiente, como es el caso, por ejemplo, del petróleo y del carbón. En más de una ocasión, al plantear el tema del cambio climático, algunos políticos han llegado a negarlo, e incluso, a ocultarlo, recurriendo a desinformar de modo tendencioso a los ciudadanos. Según a quienes afectó, fue muy comentada, criticada o aplaudida la noticia publicada en 1965 cuando Lyndon B. Johnson, entonces presidente de Estados Unidos, rechazó un informe en el que se instaba a la Administración a tomar medidas urgentes para frenar los problemas que afectaban al clima.

Lamentablemente, argumentos similares siguen siendo esgrimidos hasta el día de hoy. Quienes niegan o defienden una percepción marginal de la crisis climática, se basan en tesis superficiales que van desde negar que el cambio del clima es un hecho, hasta afirmar que sus efectos se deben a causas naturales. Algunos niegan que el cambio del clima pueda tener consecuencias serias, que constituya una amenaza para las personas y el medio ambiente, y defienden que, por lo tanto, no es necesario tomar medidas para corregir una tendencia que es de índole natural, ni para atenuar sus efectos. Otros, relativizan la gravedad del problema argumentando que existen en el mundo otras situaciones de mayor gravedad sobre las cuales es necesario actuar con mayor urgencia, y que, en el caso del clima, hay que apostar por soluciones que ya aparecerán con el paso del tiempo y los avances de la tecnología.

Si bien es cierto que en el último cuarto de siglo el mundo ha mejorado su visión sobre conceptos tales como el calentamiento global, la emergencia climática, la energía eólica, la energía solar, las ciudades verdes y los vehículos eléctricos, aún falta mucho por hacer. Los mayores problemas a afrontar se inscriben dentro del marco económico, puesto que las soluciones a adoptar tocan intereses que se resisten al cambio, insisten en negar las urgencias, y pretenden mantener el sistema tal como está. La acción requerida para frenar el calentamiento global no solo es responsabilidad de las grandes corporaciones vinculadas a los combustibles fósiles, sino también de las naciones que poseen bajo sus suelos y aguas enormes yacimientos de estos recursos, o disponen de territorios con selvas y bosques, que consideran como recursos para sus propios negocios, y de cuya explotación no están dispuestos a prescindir. Aunque también, por motivos algo más comprensibles, se resisten a adoptar medidas contra los problemas del clima los países que no tienen recursos suficientes para acometer los cambios necesarios.

La Acción por el Clima en los Organismos Internacionales

Diversas organizaciones internacionales, bajo el liderazgo del conjunto de instituciones del sistema de Naciones Unidas, y con el apoyo de la comunidad científica, llevan años alertando a la sociedad sobre la gravedad del fenómeno de la crisis climática, y de la necesidad de actuar para evitar sus peores consecuencias. Pese a ello, como antes fue puntualizado, la concentración de gases de efecto invernadero en la atmósfera, causantes del calentamiento global, sigue aumentando año tras año.

Fue solo en el año 1992 que la ONU reconoció el problema: la crisis climática es una realidad, una amenaza, y un elemento de preocupación a solucionar. Y, sobre todo, es una amenaza creada por el hombre. A pesar de este reconocimiento, la situación del planeta ha ido a peor. El aumento del nivel de los océanos alcanzó en 2018 niveles récord como consecuencia del calentamiento global, y no se descarta que a corto o medio plazo algunas zonas costeras acaben desapareciendo, engullidas por el mar. De hecho, la Organización Meteorológica Mundial (OMM), una de las secciones científicas de Naciones Unidas, en una reciente declaración sobre el estado del clima, volvió a lanzar una advertencia al mundo, asegurando que el impacto físico, social y económico del cambio climático sobre el planeta es cada vez mayor.

Según la OMM, el 90% de la energía concentrada por efecto de los gases de efecto invernadero acaba atrapada en las capas superiores del océano, y en uno de sus informes señala que en 2018 se registró la cuarta temperatura media más alta de la historia desde que se dispone de este tipo de información. Desde 2018 los efectos del calentamiento global siguen avanzando de forma peligrosa y preocupante, lo cual queda demostrado por la dramática incidencia a nivel mundial de desastres naturales tales como incendios forestales, inundaciones, sequías, huracanes, tornados y episodios extremos de altas y bajas temperaturas. Además, aquel mismo año el nivel del mar creció 3,7 milímetros de media, otro récord negativo que supone un peligro para muchas zonas costeras. La causa de esta crecida de los océanos fue el retroceso de las superficies de hielo de los polos. De hecho, en 2018 el hielo marino del Ártico se mantuvo muy por debajo de su media habitual como consecuencia de niveles de deshielo nunca antes conocidos.

También cabe destacar que entre 1973 y 1975 surgieron especulaciones respecto a que los clorofluorocarbonos (CFC) podían contribuir al calentamiento global. Se descubrió que una molécula de CFC podía ser 10.000 veces más eficaz absorbiendo la radiación infrarroja que una molécula de dióxido de carbono, lo que convertía a estos compuestos en sustancias a tener en cuenta en relación con la subida de la temperatura, a pesar de sus concentraciones muy bajas en la atmósfera. Mientras que las primeras investigaciones sobre los CFC se concentraron en el papel de estas sustancias en la reducción de la capa de ozono, hacia el año 1985 varios científicos demostraron que los CFC, junto con el metano y otros gases, podían tener un efecto casi tan importante en el clima como el aumento del CO_2.

Los organismos internacionales han cumplido, y deben seguir haciéndolo, con su misión de orientar y actuar como impulsores de iniciativas y acciones favorables a hacer del planeta un hábitat acogedor y estable para sus habitantes. De hecho, Naciones Unidas incluye en su Agenda 2030 los Objetivos de Desarrollo Sostenible, uno de los cuales, el 13, "Acción por el Clima", pretende introducir la crisis climática como cuestión primordial en las políticas, estrategias y planes de países, empresas y sociedad civil, mejorando la respuesta a los problemas que genera esta realidad, tales como, entre otros, el incremento y la intensidad de los desastres naturales, e impulsando la educación y sensibilización de toda la población.

Esta labor no es fácil de asumir ni de llevar a cabo, habida cuenta de la complejidad del actual contexto geopolítico, que condiciona llevar a cabo actuaciones dentro de un entorno globalizado cada vez más confuso e inestable. Con el transcurso del tiempo, la influencia de los organismos internacionales en lo relativo al clima se ha hecho notar con cierta timidez y escasos avances, dando lugar a compromisos y políticas que no han llegado a producir efectos medianamente eficaces para controlar una situación de crisis que pone en riesgo a todo el planeta.

A continuación, se expone una cronología sintetizada de las acciones más relevantes que han llevado a cabo a lo largo de los últimos 50 años algunos de los organismos implicados en afrontar la problemática de la crisis climática.

1972 Primera Conferencia de las Naciones Unidas (ONU), o Cumbre de la Tierra, sobre el Medio Ambiente, también denominada Declaración de Estocolmo. El tema del clima apenas se registró en el programa, que se centró en temas como la contaminación química, las pruebas de la bomba atómica, y la caza de ballenas. Como resultado, se estableció el Programa de las Naciones Unidas para el Medio Ambiente (PNUMA).

1988 La Organización Meteorológica Mundial (OMM - WMO) y el Programa de Naciones Unidas para el Medio Ambiente (PNUMA - UNEP) crean el IPCC (Intergovernmental Panel on Climate Change). La OMM es una organización internacional creada en 1950 en el seno de la ONU cuyo objetivo es asegurar y facilitar la cooperación entre los servicios meteorológicos nacionales, y promover y unificar los instrumentos de medida y los métodos de observación. El IPCC es un grupo de diversos expertos sobre Cambio Climático, una organización intergubernamental de Naciones Unidas, cuya misión es proveer al mundo con una opinión objetiva y científica sobre el cambio climático, sus impactos y riesgos naturales, políticos y económicos, y las posibles opciones de respuesta.

1992 En la Cumbre de la Tierra de Río de Janeiro, los gobiernos estuvieron de acuerdo en potenciar la Convención Marco de Naciones Unidas sobre el Cambio Climático (CMNUCC). Su objetivo fundamental fue la estabilización de las concentraciones de gases de efecto invernadero en la atmósfera a un nivel que impidiese interferencias antropogénicas peligrosas en el sistema climático. Los países desarrollados se comprometieron a situar sus emisiones en los niveles de 1990.

1994 Entrada en vigor de la Convención Marco de Naciones Unidas para el Cambio Climático, establecida en mayo de 1992 durante la Cumbre de la Tierra de Río de Janeiro. Fue creada con la premisa de reforzar la conciencia pública a escala mundial sobre los problemas relativos al Cambio Climático. Entre sus objetivos principales, destaca la estabilización de las concentraciones de Gases de Efecto Invernadero (GEI) en la atmósfera para impedir riesgos en el sistema climático. Actualmente se la considera una plataforma para recopilar, sintetizar y difundir información. No dispone de las herramientas para impulsar la acción colectiva global para combatir la emergencia climática.

1995 La Conferencia de las Partes (**COP**) se establece como el órgano supremo de la Convención Marco de Naciones Unidas y la asociación de todos los países que forman parte de ella. En las reuniones anuales participan expertos en medio ambiente, ministros, jefes de estado y organizaciones no gubernamentales.

1995 – COP1 Primera Conferencia COP, realizada en Berlín, durante la cual surge el Mandato de Berlín, un catálogo de compromisos bastante indefinido, que permitía a los países escoger iniciativas sobre el clima ajustadas a sus necesidades particulares.

1997 – COP3 Tras intensas negociaciones, vio la luz el célebre Protocolo de Kioto que, hasta ese momento, junto con el Protocolo de Montreal de 1987 sobre protección de la capa de ozono, se perfilaba como uno de los documentos más importantes y esperanzadores para regular las actividades antropogénicas. Los países desarrollados se comprometieron a reducir las emisiones de Gases de Efecto Invernadero en un promedio del 5% en el período 2008-2012, con amplias variaciones en los objetivos para cada país.

En Kioto se establecieron los objetivos vinculantes para las emisiones de GEI para 37 países industrializados, pero dos de los más grandes emisores, Estados Unidos y China, no ratificaron el documento. Se acordó que el Protocolo de Kioto entraría en vigor once años después, en 2008, aunque su fecha de vencimiento venía marcada para 2012, estableciendo que los países desarrollados debían reducir en esos cinco años sus emisiones de GEI en un 5% respecto al nivel de 1990.

1998 – 2014 Durante este intervalo de tiempo, se suceden 17 Conferencias COP sin resultados relevantes en cuanto a acciones que frenen la crisis climática. Entre otros temas, las COP centraron su atención en la definición y reconducción sin éxito del Protocolo de Kioto, la falta de acuerdos jurídicamente vinculantes sobre el clima, la creación del Fondo Verde para el Clima, la oposición de algunos países a no renovar los compromisos, el malestar de algunas delegaciones por la falta de acuerdos, y el no cumplimiento de las recomendaciones científicas.

2009 – COP15 192 gobiernos se reunieron en la cumbre climática de la ONU en Copenhague, con expectativas de conseguir un nuevo acuerdo global, pero el resultado fue decepcionante.

2015 – COP21 Negociación del Acuerdo de Paris en el marco de la Conferencia, un ambicioso convenio mundial para luchar contra el cambio climático. Fue adoptado por 197 países, su firma se realizó oficialmente el 22 de abril de 2016, y su aplicación se iniciará en 2020. El Acuerdo contempla la limitación del aumento de la temperatura mundial a 2º C mediante la disminución de emisiones de gases de efecto invernadero, y se espera que sea la cita definitiva para un acuerdo mundial en relación con el control de la crisis climática.

2016 – 2018 A lo largo de los 3 años en que se celebran las COP 22, 23 y 24, tampoco se producen resultados relevantes en relación con el control de los problemas climáticos generados por el calentamiento global. Destacan, entre otros acuerdos alcanzados durante dichas conferencias: en la COP22, definir un documento de trabajo para aplicar el Acuerdo de París; en la COP23, mantener el apoyo al Acuerdo de Paris y debatir diversos aspectos para zanjar controversias relacionadas con la posición específica de diversos países; y en la COP24, el comunicado final de la ONU constata que los gobiernos logran adoptar un interesante conjunto de directrices para aplicar el Acuerdo de París sobre el cambio climático, aprobado en 2015.

2019 – COP25 Con esta edición la Conferencia Climática más importante del mundo cumplió su 25 aniversario. En principio, debía celebrarse por primera vez en Latinoamérica, concretamente en Santiago de Chile, pero circunstancias derivadas de la inestabilidad social y política que entonces afectaron a dicho país, aconsejaron relocalizarla, y por este motivo, Naciones Unidas tomó la decisión de llevarla a cabo en Madrid.

Después de un cuarto de siglo de lucha contra el cambio climático, se esperaba que, definitivamente, se generasen cambios significativos en las estrategias conducentes a enfocar la lucha contra la crisis climática, estableciendo acuerdos y compromisos transversales entre todos los países, y que se actuase aplicando estrategias y empleando medios y recursos eficientes para provocar resultados eficaces. Lamentablemente, por motivos que no procede mencionar ni analizar en este documento, no fue así, y si en principio se pensaba que ésta sería la cumbre definitiva, sus resultados fueron más bien testimoniales.

La Cumbre, en buena parte caracterizada por la manipulación y el predominio mediático de manifestaciones, protagonismos personales y episodios de corte lúdico y carnavalesco, se cerró sin lograr su principal objetivo: alcanzar un acuerdo para regular los mercados de CO_2, según el artículo 6 del Acuerdo de París. Los deberes se aplazaron hacia la próxima cumbre del 2020, aunque se lograron algunos avances desde el punto de vista técnico. La cita una vez más puso de manifiesto la brecha existente entre la opinión pública y los gobiernos, y solo consiguió que 84 países acatasen la petición de Naciones Unidas de presentar planes más duros en 2020. Un hecho a lamentar ha sido que Estados Unidos, China, India y Rusia, los responsables del 55% de las emisiones mundiales de emisiones de gases de efecto invernadero, no hayan participado constructivamente en la Cumbre, y no hayan mostrado ningún tipo de ambición frente a la emergencia climática.

Quizás no se podía esperar más de lo que ha salido de la Cumbre del Clima. Los negociadores solo han podido acordar un débil llamamiento a los países a realizar esfuerzos más ambiciosos contra el cambio climático, y han tenido que aplazar de nuevo el Acuerdo de París referente a los mercados de dióxido de carbono ante la imposibilidad de consensuar un compromiso. En concreto, se aspira a que los Estados se comprometan a alcanzar la neutralidad climática en 2050. Para alcanzar esta meta se requiere atacar distintas áreas: la transición global a las energías renovables, la consolidación de infraestructuras y ciudades sostenibles y resilientes, el desarrollo de la agricultura sostenible, la correcta gestión de bosques y océanos, la resiliencia y la adaptación frente a los impactos climáticos, y la alineación de las finanzas públicas y privadas con una economía cero emisiones. Se ha de actuar en base a planes concretos y realistas que mejoren sus contribuciones a nivel nacional e internacional.

El multilateralismo se manifiesta en contra de la transversalidad. Eventos como las COP, donde negocian y deben ponerse de acuerdo casi 200 países, constituyen el mejor ejemplo de multilateralismo. Sin embargo, las presiones y enfrentamientos presentes en el crispado entorno geopolítico conducen a que la comunidad internacional pierde interesantes oportunidades de consensuar estrategias globales ajustadas a la necesidad de dar lugar a acciones eficaces, y agranda la desconexión que existe entre los gobiernos y la ciencia respecto a la crisis climática. Además, es vital tener en cuenta que la lucha contra el calentamiento global es una cuestión transversal que afecta por igual a ámbitos tan diferentes como las finanzas, la ciencia, la industria, la energía, el transporte, la edificación, el territorio natural, la biodiversidad y la agricultura.

Los pobres resultados obtenidos en estas cumbres llaman una vez más a la urgente necesidad de actuar, conciliando los intereses políticos con el bagaje científico y técnico. A nivel político, se debe optar por planes más duros de recorte de las emisiones de gases de efecto invernadero, porque los actuales no son suficientes, y demostrar mayor ambición ante la urgencia de abordar la crisis climática.

Una mirada en retrospectiva a la evolución que ha experimentado la acción de las organizaciones internacionales contra la crisis climática, permite constatar no solo lo poco que se ha avanzado en este terreno durante los últimos 50 años, sino también cómo se manifiesta hoy en día con espacial intensidad la alarma social como consecuencia de la percepción del impacto de episodios climáticos de efectos dramáticos. Se ha logrado avanzar, sin lugar a dudas, pero lo que se aprecia con especial preocupación es la falta de compromiso e implicación de ciertos países con el reto y la necesidad de afrontar la crisis climática con urgencia y con sentido de compromiso global, estableciendo esquemas de gobernanza sólidos y transversales. El futuro de todos está en juego, y es imprescindible que todas las naciones de la tierra se impliquen de modo solidario en esta tarea.

A partir de ahora, se inicia la prueba de fuego para valorar si las promesas efectuadas, los compromisos contraídos y los acuerdos formulados se cumplen, o si solo se convierten en simples declaraciones de buenas intenciones. Los retos para afrontar con éxito la crisis climática son mayúsculos, y la situación es grave. Pero las posibilidades de avanzar con cierto éxito en este terreno son también enormes. Lo son desde el punto vista de la tecnología, de la conciencia creciente de empresas y gobiernos, y, sobre todo, por el efecto que están produciendo los movimientos de la sociedad civil, con millones de personas movilizándose para reivindicar acciones eficaces. A estas alturas del juego, la humanidad y el planeta se encuentran en alerta roja, y no es ya tiempo para la imprudencia, la irresponsabilidad, la indiferencia y la negación de las evidencias. A veces se puede tener la falsa impresión de que las cosas van en buena dirección, pero todo se pierde si no se actúa oportunamente con esfuerzo, rigor y objetividad. Nada irá bien si los protocolos de acción, las ideas, las promesas y los acuerdos se estancan o se pierden por el camino.

Apostar por la sostenibilidad adquiere en este escenario una importancia notable, sobre todo en momentos en que la gran mayoría de los países ha llegado al consenso de considerar la crisis climática como la mayor amenaza que debe hoy afrontar el ser humano, sin olvidar las otras crisis que han afectado al mundo, sobre todo durante la última década: crisis económicas, crisis de identidades nacionales, crisis de los sistemas políticos y democráticos, de la convivencia, de la confusión y de los extremismos sociales, todas ellas generadoras de estados de tensión que son amplificados por la rapidez con que se divulgan la tecnología y la información que genera, acosando y agobiando a los ciudadanos que se ven imposibilitados de seleccionarla y asimilarla con fines productivos.

Estrategias y Acciones frente a la Emergencia Climática

A la hora de hacer frente a los crecientes riesgos que plantea la crisis climática, la sociedad en general no está aún lo suficientemente sensibilizada para actuar de modo contundente y con visión a largo plazo. Para controlar y dar solución a los cada vez más frecuentes episodios de incremento de la intensidad y frecuencia de los desastres naturales, las opciones se limitan a paliar los daños inmediatos, y a formular soluciones y tácticas correctoras alejadas de las estrategias de acción preventiva a largo plazo enfocadas con objetivos de sostenibilidad. Es evidente que las acciones encaminadas a asegurar la sostenibilidad, a evitar los daños al medio ambiente y a frenar el calentamiento global requieren de importantes esfuerzos técnicos y económicos, pero también, de sustanciales cambios de actitud y comportamiento por parte de los ciudadanos, de las empresas y de los estamentos gubernamentales.

Las estrategias conducentes a paliar los efectos del calentamiento global que se centran exclusivamente en sectores concretos y no son desarrolladas pensando en "sistemas" y apuestas "transversales", no permiten beneficiarse del efecto multiplicador que es posible generar entre actividades afines o complementarias por la integración de diferentes cadenas de valor. El reto de afrontar la emergencia climática es complejo, y debe asumirse huyendo de planteamientos carentes del realismo que requieren las iniciativas de enfoque planetario. En otras palabras, se debe buscar la prosperidad implantando esquemas de colaboración "holísticos" y "sistemáticos" entre auténticos "socios globales", de ámbitos locales, regionales, nacionales y mundiales, dispuestos a compartir proyectos que permitan aprovechar las sinergias económicas, ambientales y sociales derivadas de modelos de trabajo innovadores.

Ante la necesidad de frenar y revertir los efectos negativos del calentamiento global sobre el clima, surge la necesidad de adoptar las medidas oportunas en las áreas más críticas donde la acción responsable puede aminorar o revertir con cierta rapidez las emisiones de gases de efecto invernadero causantes del calentamiento global y de la crisis climática. En anteriores apartados se aludió a algunas herramientas y requisitos que resultan indispensables para caminar de modo seguro hacia el logro de la sostenibilidad integral del planeta, destacando las características de cada una de ellas: la economía circular, el cambio de modelos de producción y consumo, las estrategias de formación y sensibilización, y las acciones concretas en el ámbito del agua, la energía, los residuos y los sectores sanitario y turístico. No obstante, cabe también insistir que, en relación con la emergencia climática, se ha de tener en cuenta la influencia de otras áreas de actividad que actúan como elementos de riesgo y generadores del calentamiento global y de la emergencia climática, pero que también pueden constituir paliativos de sus efectos, siempre que sean gestionados de modo responsable. Es el caso de la movilidad y el transporte, del sector agroalimentario, del ámbito urbano, y del entorno industrial. Sobre cada uno de ellos se describen a continuación de modo sintetizado los aspectos más importantes.

Movilidad y Transporte

Buena parte de las causas del calentamiento global recae en el transporte, como consecuencia de las emisiones provenientes no solo de coches, camiones, ferrocarriles, furgonetas y autobuses, sino también del transporte aéreo y marítimo. El aumento constante de los medios de movilidad, asociado al aumento de la población, de los desplazamientos y de los viajes, provoca la saturación de carreteras y ciudades. Esto conlleva importantes pérdidas económicas si se tiene en cuenta la reducción de la productividad de las personas atrapadas en atascos de tráfico, el incremento del precio de bienes y servicios, el aumento del coste asociado a los atolladeros en calles y carreteras, y el valor económico equivalente a las emisiones contaminantes de los vehículos, realidad ésta última que se hace extensiva al sector aéreo y marítimo.

De igual importancia para preservar un ambiente favorable a la estabilidad climática es mejorar la eficiencia de los vehículos utilizando motores que eviten o reduzcan las emisiones de gases de efecto invernadero, que sean más eficaces desde el punto de vista del consumo energético, y que permitan reducir los episodios de contaminación en las ciudades, que además representan un factor de alto riesgo para la salud de las personas. Esta alternativa debe ser acompañada del requisito de cambiar los hábitos de desplazamiento de los ciudadanos, optando por el transporte público y otras opciones sostenibles, y procurando la racionalización responsable del uso del coche privado. Contar con adecuadas infraestructuras de logística y transporte es también fundamental para estimular el crecimiento económico y proporcionar servicios que faciliten el desarrollo sostenible. Las infraestructuras mal planificadas provocan accidentes, contaminación del aire y contaminación acústica, alargan los desplazamientos, y suponen altos costes en daños debido a su vulnerabilidad a los fenómenos meteorológicos extremos y desastres naturales. Las infraestructuras de transporte requieren de grandes inversiones, y por este motivo es importante garantizar que los nuevos proyectos sean elaborados con criterios de utilización y amortización a largo plazo.

Sector Agroalimentario

El actual sistema alimentario es incompatible con la preservación del medio ambiente. El sistema en que se basan la agricultura y la ganadería contemporáneas es una de las principales causas del calentamiento global y su repercusión en el clima. Según la FAO, la ganadería es responsable del 18% de las emisiones de gases de efecto invernadero como resultado de la producción de metano durante la digestión de los rumiantes, y de la generación de óxido nitroso por el estiércol.

A esta realidad se suma la tendencia que lleva a un mayor consumo de carne en el mundo a medida que los países en desarrollo reivindican sus expectativas de consumo de alimentos de contenido proteico animal, y los efectos de la deforestación masiva para destinar la tierra a explotaciones ganaderas extensivas, reduciendo en consecuencia el efecto positivo que tienen los bosques por su poder de mitigación del calentamiento global. De hecho, algunas estimaciones señalan que si la población europea consumiera la mitad de la carne que consume actualmente, sería posible ahorrarle al planeta tierra entre un 25% y un 40% de emisiones de efecto invernadero.

Además, es necesario corregir con urgencia una situación tan irracional como descabellada que afecta a la producción y distribución de alimentos en todo el planeta: sobre un 30% de la producción se pierde o desperdicia en forma de residuos, una situación inadmisible teniendo en cuenta que más de 800 millones de personas padecen hambre en todo el mundo, están subalimentadas, o sufren de desequilibrios alimentarios que les llevan a situaciones extremas de sobrepeso y desnutrición.

Ámbito Urbano

Como fue adelantado en anteriores apartados, Naciones Unidas estima que la población mundial alcanzará los 10.000 millones de personas en el año 2050, y que entonces, dos de cada tres personas vivirán en ciudades. Llegado ese momento, la demanda de recursos esenciales como el agua y la energía adquirirá dimensiones incompatibles con el actual modelo de producción y consumo, a lo cual se deberá añadir el incremento en la generación de residuos, que deberán ser tratados aplicando medidas sostenibles. El hecho de que las ciudades generan entre el 70% y el 80% de las emisiones globales de CO_2, inducirá además serios efectos negativos sobre el clima. Estos efectos serán más acusados en los países en desarrollo, lo que obligará a afrontar importantes retos en materia de transporte, vivienda, salud, trabajo, seguridad y relaciones de convivencia social.

En las ciudades, a la creciente demanda de recursos hídricos y energéticos se suma su contribución al calentamiento global y su impacto en el clima, con efectos significativos en la calidad de vida de los ciudadanos. Para asegurar un futuro acogedor en las ciudades no sólo se requiere disminuir el impacto ambiental de las actividades humanas, sino también redefinir las condiciones de movilidad y acceso, la gestión de residuos, el transporte, el aislamiento térmico de edificios, y la gestión de la energía. Sin lugar a dudas, el éxito de iniciativas de esta naturaleza se deberá basar en las decisiones tomadas por las propias ciudades, pero la toma de conciencia y la participación de todas las personas comprometidas con ellas serán capitales cuando se trate de mejorar la calidad de vida de la comunidad, y de asegurar la sostenibilidad del medio urbano.

Al igual que las ciudades, los edificios, componentes básicos del complejo tejido urbano, son unidades multisistémicas, sujetas a procedimientos específicos de control y mantenimiento enfocados a garantizar la seguridad y la comodidad de sus ocupantes. A nivel mundial, los edificios consumen alrededor del 42% de toda la electricidad, y, de mantenerse la actual tendencia, los inmuebles están destinados a ser los mayores emisores de gases de efecto invernadero del planeta.

Ante estos hechos, se requiere realizar serios esfuerzos para abordar la eficiencia y la sostenibilidad en el sector urbano y de la edificación, teniendo en cuenta que cualquier acción destinada a aminorar el calentamiento global será crucial para desterrar el problema de la emergencia climática, y para frenar el desencadenamiento de episodios contaminantes que supongan riesgo para las condiciones de salud y seguridad de las personas.

Industria

Industrias como la química o la del petróleo son dos de las principales causas del calentamiento global, pero no son las únicas. Procesos de fabricación como el de los colorantes, del PVC, del cloro o de la metalurgia también afectan en gran medida al clima, ya que generan una gran cantidad de residuos, algunos de ellos de gran toxicidad.

La industria puede contribuir de modo eficaz a la acción por el clima, con modelos de producción sostenibles basados en los principios y fundamentos de la circularidad, cuyo objetivo es poner fin a la cultura del derroche y del despilfarro. Perfeccionar las cadenas de valor, controlar las emisiones de gases de efecto invernadero, tomar medidas de optimización energética, gestionar con rigor los recursos hídricos, reducir la generación de residuos y subproductos o transformarlos en nuevos recursos, son algunas de las iniciativas que pueden contribuir significativamente a atenuar las agresiones al clima. Al igual que en cualquier otro sector de actividad, la industria debe procurar efectuar inversiones en infraestructuras sostenibles y en la fabricación de productos con ciclos de vida largos, con el fin de mantener los recursos en el circuito productivo el mayor tiempo posible.

La dura Batalla contra los Desastres Naturales

Cada año se difunden a los cuatro vientos y desde diferentes fuentes mediáticas las perturbadoras noticias que relatan la descomunal cantidad de incendios, inundaciones y sequías que asolan y destruyen urbanizaciones, superficies forestales, poblaciones, campos de cultivo y bosques de gran valor patrimonial en diversas regiones del mundo entero. Estas noticias constituyen la confirmación de que las medidas para prevenir estas calamidades, a menudo publicitadas solo con intención sensacionalista, no han sido eficaces para evitar, y ni siquiera para frenar, la ola de episodios destructivos que se repiten con puntual periodicidad, como si se tratase de una epidemia contra la cual no ha sido posible descubrir ninguna vacuna ni ningún anticuerpo medianamente eficaz.

Las anteriores comprobaciones llevan hoy a reflexionar sobre varias cuestiones en relación con la urgente necesidad de proteger el patrimonio natural de la humanidad, sustituyendo la fatal costumbre de "reparar" o "corregir" hechos consumados, por la adopción inteligente y responsable de los principios elementales de la "prevención", una alternativa de actuación que debe ser enfocada de acuerdo con el alcance más amplio de su definición conceptual. El hecho de tomar como ejemplo el lamentable escenario de los desastres naturales, no significa que las incógnitas sean solo conceptos aplicables a este terreno, sino que también es inevitable hacerlas extensivas a la totalidad del término "medio ambiente", una expresión que define relaciones amplias y complejas que hoy nadie tiene autoridad moral para negarlas. Dicho esto, los aspectos que han de servir de base para la reflexión y el debate que el tema requiere, son los expuestos a continuación.

- ¿De qué sirve anunciar a los cuatro vientos campañas de prevención de incendios o inundaciones, que impactan con dudosa eficacia por la vía mediática, pero que no consiguen llamar la atención de la ciudadanía sino cuando la devastación ya se ha producido? El despliegue de recursos para contrarrestar los daños adquiere características de espectáculo, pero solo impacta como producto del sensacionalismo cuando el mal ya es un hecho consumado. Ninguna acción preventiva, ni ninguna estrategia de formación y sensibilización pública, han sido publicitadas con fuerza suficiente para generar actitudes preventivas y responsables por parte de los ciudadanos potencialmente más vulnerables a este tipo de desastres. Al final, todo se traduce en lamentos, en la cómoda denuncia del chivo expiatorio más próximo, sin que se lleven a cabo acciones preventivas eficaces, ni se apliquen sanciones disuasivas contundentes contra los agresores, ni se adopten políticas que lleven al castigo de los responsables de no tomar a tiempo las oportunas medidas de seguridad.

- Lo que ocurre con los incendios forestales y los estragos de las inundaciones causadas por los efectos de los huracanes y tormentas es también extrapolable a las sequías, a la erosión de la tierra, a la desertización, así como a otros efectos negativos sobre el medio ambiente provocados por la interacción de múltiples factores. Entre ellos, destacan los reiteradamente citados "calentamiento global" y "crisis climática", fenómenos que muchos se niegan obstinadamente a reconocer, pese a que sus causas y secuelas, muchas veces confirmadas por el mundo de la ciencia, son el resultado de años de miopía preventiva, de imprudencias, y de la prevalencia de intereses marcados por el abuso y las presiones sobre el planeta tierra.

- ¿De qué sirven las experiencias del pasado si no se aplican a corregir errores y a mejorar las estrategias preventivas? Fundamenta esta cuestión el hecho al cual se aludió con anterioridad, es decir, la repetición crónica de la incidencia de los desastres naturales que cada año arrasan con mayor intensidad y periodicidad grandes áreas del territorio, y de la similitud que también se aprecia entre las diversas campañas para prevenirlos y controlarlos, carentes de todo enfoque innovador, y adoptadas con una pasividad que roza la rutina, la indolencia y el conformismo. Se vuelve a tropezar una y otra vez con los mismos obstáculos, y no se aprende la lección. Es como si la sociedad civil al completo, incluidos gobiernos, administraciones, empresas y ciudadanos, tuviesen bloqueada no solo la capacidad de visión a futuro, sino también la imaginación y las facultades creativas que han de conducir hacia la acción constructiva con voluntad y sentido de la responsabilidad.

- Las personas suelen creer a fe ciega que el estado de bienestar es algo inamovible, que es un derecho adquirido y gratuito. El mundo contemporáneo vive deslumbrado por el éxito que proporcionaron los años de vacas gordas, durante los cuales el ser humano vivió en un mundo de fantasía, sin aprender ni capitalizar las lecciones que con dramática claridad han insinuado otras crisis que también, de modo crónico, han precedido o han sido consecuencia de fugaces períodos de aparente bonanza. ¿Es posible vivir de acuerdo con unos esquemas de comportamiento que deslumbran mientras las cosas van bien, sin ser conscientes de que dicha actitud tiene fecha de caducidad y conduce al caos? Para constatar esta lamentable realidad, no hay más que observar cómo muchas empresas murieron de éxito durante las crisis por no rediseñar y reconducir a tiempo sus modelos de negocio, y cómo simples ciudadanos, por ingenuidad, negligencia o ignorancia, vieron evaporarse sus ilusiones cuando les fue imposible alcanzar niveles de vida excesivamente alejados de los medios y recursos de que realmente disponían.

- La Prevención constituye una herramienta consolidada que ha demostrado su validez en el entorno más inmediato de las personas, como es el ámbito de la seguridad y de la salud laboral. Sin embargo, al plantear con enfoque global la sostenibilidad y la gestión de los recursos, sus principios y fundamentos se deben aplicar a todos y cada uno de los aspectos que permitan orientar la acción hacia el logro de la estabilidad del planeta y el aseguramiento de la calidad de vida de sus habitantes, incluyendo en el proceso el compromiso de participación proactiva, responsable y transversal de todos y cada uno de los agentes implicados en tal cometido. El tiempo ha confirmado la validez de ciertas previsiones y postulados generados durante las Conferencias de Naciones Unidas sobre el Medio Ambiente. Durante la primera, la de Estocolmo, se divulgó entre otros asuntos una declaración que destacó las características y los límites del modelo tradicional de crecimiento entonces vigente. Pasados casi cincuenta años, salvo tímidas incursiones por parte de algunas organizaciones e instituciones públicas y privadas, aún no han sido adoptadas las medidas elementales y definitivas para reorientarlo de modo definitivo.

- Nadie discute hoy la necesidad de adoptar medidas contundentes para evitar los desastres naturales que acosan cada día con mayor frecuencia e intensidad al mundo entero, todos ellos resultado de no implementar a tiempo las medidas para evitarlos, o al menos, para reducir sus efectos perjudiciales. Se cuenta actualmente con medios, métodos y sistemas que los avances tecnológicos ponen al alcance para ser utilizados con éxito en la prevención de estos y otros desastres, Entre estas herramientas, por citar las más conocidas, están la meteorología, las técnicas de geolocalización, los sistemas avanzados de gestión agrícola, forestal y de recursos hídricos, y las opciones de formación, divulgación y sensibilización pública por la vía de los medios de comunicación, de Internet y de las redes sociales. Todo ello, sin descartar la valiosa contribución que, en materia de control y vigilancia ambiental, deben prestar de modo solidario y organizado la policía y las fuerzas armadas, reforzando la acción de iniciativas voluntarias y grupos ecologistas.

Para que los instrumentos destinados a revertir el rumbo hacia el caos surtan efecto, y se traduzcan en la consolidación definitiva de la sostenibilidad integral, es imprescindible practicar el ejercicio universal del compromiso, de la solidaridad, de la voluntad para la acción, y desplegar una conciencia colectiva que haga frente con firmeza a un panorama complejo y peligroso, que cada día amenaza con mayor dramatismo a la integridad del planeta.

7

EL RETO DE LA TRANSICION CIRCULAR HACIA UN FUTURO SOSTENIBLE

**Sustituir el modelo de economía lineal por los principios de la circularidad implica asumir paradigmas transgresores que suelen tener carácter disruptivo.
La transición hacia la economía verde requiere poner en práctica esquemas transversales de gobernanza y liderazgo que faciliten el cambio hacia modelos sostenibles de producción, consumo, comportamiento individual y compromiso social.**

El mundo está cambiando, y los retos económicos, ambientales y sociales a los que se enfrenta la humanidad hacen imprescindible considerar la sostenibilidad como parte esencial del complicado tejido geopolítico de la era global. El tradicional modelo económico extraer-usar-desechar deja de ser una opción segura, y se hace necesario que las organizaciones y la sociedad civil se abran a la innovación en los campos de desempeño de cualquier sector y actividad. Retos de gran trascendencia, tales como asumir la crisis climática, la escasez de materias primas y los problemas ligados a la salud ambiental, motivan y hacen imprescindible la adopción de acciones inteligentes en materia de gobernanza social, política y económica. Algunas de estas acciones implican la adopción de modelos de comportamiento que será necesario implantar como estrategias a largo plazo, los cuales no siempre serán fáciles de asumir para desterrar la inercia de los modelos de producción y consumo tradicionales. La transición hacia la sostenibilidad constituye un proceso de cambio hacia modelos de producción y consumo que permitan a la humanidad vivir y desenvolverse dentro de los límites y requisitos que el propio planeta impone.

Por ello, se trata de avanzar hacia un futuro más sostenible, que deje atrás la era de los combustibles fósiles, la ineficiencia y el sobreconsumo, para abrazar el nuevo paradigma de la economía circular: una economía capaz de generar valor desligada del consumo de recursos.

El Mundo se enfrenta a importantes Cambios

Los últimos 150 años de evolución industrial han estado dominados por el modelo de producción y consumo lineal, según el cual los bienes son producidos a partir de recursos y materias primas, vendidos, utilizados, y finalmente desechados como residuos. Frente a la acentuada volatilidad de la economía global y el aumento de evidencias que apuntan a la creciente escasez y sobreexplotación de recursos, la necesidad de definir un nuevo modelo económico se hace cada vez más evidente.

La necesidad de transición hacia un modelo de economía sostenible es objeto de atención creciente, a menudo de modo instintivo, por parte de la sociedad civil y de los responsables gubernamentales y empresariales de gran parte del planeta. El cambio hacia este nuevo modelo económico plantea además el requisito de que el sistema educativo promueva la concienciación sobre la necesidad de hacer un uso responsable de los recursos, y conduzca a la concepción de nuevos perfiles técnicos y profesionales, sin olvidar la exigencia de inducir cambios radicales en los anacrónicos modelos de producción, distribución y consumo que aún permanecen arraigados en numerosos esquemas de comportamiento social y empresarial.

Por inercia histórica, la economía contemporánea se encuentra bloqueada en un sistema en el que todo, desde la actividad productiva y la contratación, hasta la normativa y el comportamiento de las personas, favorecen el modelo lineal de producción y consumo. Sin embargo, este bloqueo es cada vez más débil debido a la presión que ejercen tendencias tan poderosas como innovadoras. Se debe aprovechar este nexo favorable de factores económicos, tecnológicos y sociales para acelerar la transición hacia una economía sólida y equilibrada. La circularidad ha empezado a desterrar al modelo lineal, y ha ido más allá de la prueba del concepto. El desafío al que ahora se enfrenta el mundo es consolidar la economía circular y dotarla de una dimensión de escala, y debido a ello la transición hacia la sostenibilidad es objeto de atención creciente entre los responsables gubernamentales y empresariales, siendo ahora una prioridad en las políticas de la Unión Europea. En este ámbito, la innovación ha de ser el elemento clave de la transición, que hace necesarias nuevas tecnologías, procesos, servicios y modelos empresariales.

La búsqueda de mejoras sustanciales en el rendimiento de los recursos en la economía, conduce a gobiernos y empresas a explorar nuevas formas de reutilizar los productos y sus componentes, a restaurar los materiales valiosos, y a optimizar el consumo de energía y la productividad de la mano de obra. Muchos argumentan que el momento es apropiado para llevar el concepto de sostenibilidad un paso más allá, analizar las ventajas que esta alternativa aporta a las empresas y a la propia economía, y preparar así el camino para su adopción masiva y sistemática. La transición ecológica es el proceso de cambio hacia modelos de producción y consumo más sostenibles, que permitan a la sociedad vivir dentro de los límites que el entorno y el planeta le imponen. Se trata de avanzar hacia un futuro más equilibrado y estable, que deje atrás la era de los combustibles fósiles, la ineficiencia y el sobreconsumo, para abrazar el nuevo paradigma de la circularidad, una economía capaz de generar valor desligándolo del consumo desenfrenado de los recursos limitados.

Investigaciones y experiencias llevadas a cabo hasta la fecha por numerosas empresas y entidades ofrecen incuestionables evidencias de que la economía circular ha empezado a abrirse paso para desplazar a la economía lineal. Esta realidad se proyecta más allá de una simple declaración de intenciones, puesto que numerosas experiencias lo demuestran, muchos casos de éxito así lo confirman, y los gobernantes empiezan a admitir el potencial que tiene la circularidad para alcanzar objetivos sostenibles.

Técnicas y estrategias innovadoras específicamente pensadas para la economía circular, están hoy en día disponibles bajo diversas formas, y los casos de éxito que avalan esta afirmación son numerosos. Todos ellos tienen en común el hecho de que han sido planteados de modo holístico, es decir, centrados en optimizar el rendimiento integral del sistema. No obstante, es necesario ser prudentes en relación con las alternativas y soluciones conducentes a la sostenibilidad. La tentación de exagerar los beneficios de determinadas iniciativas está presente en muchos casos en que intereses comerciales o partidistas, así como la manipulación mediática, conducen a actuar con excesivo optimismo. Es el caso, entre otros, de lo que ocurre en relación con el vehículo eléctrico, o la implantación masiva y desenfrenada de las energías renovables, opciones que a menudo distorsionan la posibilidad de conseguir a corto plazo resultados eficaces en el ámbito energético, y que prescinden de la consideración de las externalidades negativas que pueden estar asociadas a este tipo de soluciones.

Incógnitas sobre la "Velocidad" del Cambio

Los sólidos motivos sociales y económicos que subyacen bajo los principios de la economía circular, exigen plantear el debate sobre un aspecto crucial que, teniendo en cuenta la realidad del actual escenario mundial, adquiere especial relieve: definir la "velocidad" a la que debería desarrollarse la transición hacia nuevos paradigmas, modelos de negocio y actitudes de comportamiento social. A su vez, esta realidad exige definir no solo el coste económico de dicha transición, sino también su coste social. El coste de la transición puede incluir inversiones en activos y en nuevas infraestructuras materiales y digitales, así como en investigación, formación especializada, asistencia para promover la penetración de mercado de los nuevos productos, y apoyo transitorio a los sectores afectados. Hallar respuestas a estas incógnitas ayudará a gobernantes, inversores, empresas, consumidores, y a la sociedad civil en general, a encontrar vías de transición adecuadas.

La clave del éxito de las inversiones en modelos circulares dependerá del comportamiento de los ciudadanos, si crece y a qué ritmo la demanda de productos respetuosos con el medio ambiente, y si las empresas cuentan con incentivos para llevar a cabo las inversiones apropiadas. La naturaleza de los conocimientos actuales es de naturaleza fragmentada, y es necesaria una mejor comprensión de los diversos aspectos de la dinámica del sistema, de las estructuras y funciones de la producción, de la dirección del consumo, de los mecanismos financieros y fiscales, y de los factores desencadenantes del desarrollo de innovaciones tecnológicas. La evaluación de costes asociados a la transformación hacia el modelo circular es muy complicada, dada la complejidad de los agentes y factores que se han de tener en cuenta para ello. Es necesario que el sector privado lleve a cabo inversiones, y en este sentido, el objetivo es lograr que éstas sean atractivas desde el punto de vista económico a través de la disponibilidad de medidas concretas de apoyo. Junto a los costes estrictamente económicos, es también previsible que sea preciso afrontar otro tipo de dificultades a la hora de implementar el modelo circular.

Acelerar la adopción de la circularidad a un ritmo superior al de los ciclos normales de sustitución incrementará los costes de la transición, y dará lugar a que activos tradicionales queden obsoletos, desfasados, y, por lo tanto, deban ser destinados al desuso por pérdida de su utilidad. Durante el proceso será necesario demostrar hasta qué punto estos costes adicionales compensan el cambio hacia nuevos escenarios de desarrollo y modelos de negocio, y en qué medida actuarán como estímulo o freno para la economía global.

No existe una fórmula de transición universal hacia la circularidad susceptible de ser extrapolable a todos los casos. En el fondo, se trata de un concepto, de una manera de entender los procesos de producción, que pretende maximizar el uso de los recursos existentes y reducir los residuos. Cómo llevar a la práctica estas alternativas dependerá del negocio en sí, del sector, del tipo de producto, y de otros factores vinculados al carácter pluridisciplinar del entorno, puesto que realidades diferentes requieren soluciones específicas adaptadas a cada una de ellas. En todo caso, el intercambio de experiencias y la adopción de buenas prácticas constituirán elementos esenciales para facilitar la puesta en marcha de modelos de negocio circulares en los diferentes sectores y áreas. En síntesis, la transformación industrial y la adaptación a este nuevo paradigma se deberá enmarcar dentro de las tres dimensiones elementales del desarrollo sostenible: la económica, la ambiental y la social.

Es evidente que hay riesgos y retos implícitos en toda transición sistémica y transversal. Conocer con exactitud cuáles son los problemas que dificultan la transformación hacia la economía circular es en sí una tarea muy compleja, debido al gran número de agentes y de factores que intervienen a la hora de ponerla en marcha. Por este motivo, una acción coordinada y compartida entre los segmentos públicos y privados es esencial, sobre todo teniendo en cuenta que la economía circular es un concepto complejo.

Es poco probable que en el corto plazo se logre un consenso sobre el verdadero valor de la circularidad como motor de cambio de paradigmas, motivo por el cual es necesario definir con claridad las áreas y sectores prioritarios que puedan caber dentro del ámbito de la adopción de sus principios, y elaborar evaluaciones y estudios objetivos y específicos que proporcionen mensajes consistentes sobre sus efectos potenciales. Todo ello, sin olvidar la necesidad de hacer frente a las posibles tensiones geopolíticas que surgirán en el mundo globalizado a lo largo de la transición hacia el cambio, y que, con toda probabilidad, obligarán a adoptar estrategias de reconducción y a implementar sobre la marcha los oportunos planes de contingencia.

Los sectores tradicionales tendrán que transformar sus modelos empresariales, y la evolución hacia nuevas ideas obligará a asumir efectos redistributivos en la economía. Por lo tanto, resultará crucial compensar de algún modo el efecto de los cambios que origine la materialización de la circularidad sobre los ciudadanos, las empresas, las naciones y el medio ambiente.

Indicadores del Rendimiento de la Circularidad

Ninguna herramienta de evaluación permite por sí misma medir el alcance del impacto de los cambios, sobre todo si éstos son de carácter disruptivo y transgresor. La economía circular no es una excepción, y se requiere de cierto tiempo para disponer de puntos de referencia objetivos que confirmen su validez como modelo impulsor de la sostenibilidad. Los modelos tradicionales de negocio lineal buscan optimizar la productividad y la rentabilidad a corto plazo, pero con el tiempo, a medida que la presión de la sociedad civil y la necesidad de gestionar los recursos con rigor y responsabilidad emergen con fuerza, se hace necesario enfocar el sistema socioeconómico hacia la sostenibilidad. Esta realidad obliga a la economía lineal a enfrentar riesgos legales, ambientales y de mercado que la sitúan en posición conflictiva. La circularidad, en cambio, ofrece a las empresas la oportunidad de generar valor a través de la gestión inteligente de los recursos, acelerar el crecimiento, y mejorar su competitividad y su rentabilidad.

El modelo de economía lineal permite a las empresas utilizar gran variedad de sistemas y herramientas de valoración aplicables a diversos aspectos de la gestión específica de cada negocio, con el fin de evaluar, controlar y medir la productividad y el estado de progreso y desarrollo en áreas concretas dentro de la compañía. Pero, a la hora de "medir" la generación de valor, dichos métodos no son válidos en un contexto de circularidad, en el cual se ha de tener en cuenta el máximo aprovechamiento y rendimiento de los recursos productivos, manteniéndolos dentro del circuito durante el mayor tiempo posible, minimizando la producción de residuos, y favoreciendo las opciones más representativas de la circularidad, tales como, entre otros, el reciclaje, la recuperación y la valorización.

Diversos estudios y análisis recientes indican que actualmente el nivel de implantación de la circularidad en el mundo es de solo un 9%. Por simple deducción aritmética, ello indica que, a medida que aumenta la presión para pasar de modelos lineales a opciones circulares, la oportunidad de mejorar es del 91%. El impulso hacia la transición crece, y tanto el sector público como el privado se ven comprometidos a establecer objetivos circulares ambiciosos y extraer de todo ello las ventajas que ofrece el modelo, tanto desde el punto de vista económico como social y ambiental.

Pese a que la economía circular es un modelo económico que ofrece oportunidades para las empresas, gestionar la transición hacia la circularidad no es tarea fácil. Tanto los modelos de producción como de consumo se han de cambiar, las estrategias deben ser adaptadas, y se han de poner en juego políticas innovadoras y flexibles, lo cual dificulta planificar y establecer objetivos claros para lograr una evolución equilibrada y controlada. Para permitir establecer objetivos es necesario contar con indicadores clave de rendimiento (KPI) que permitan orientar la toma de decisiones en todo lo relativo a sostenibilidad, en el sentido más amplio del término. En este sentido, la transparencia y la transversalidad son fundamentales para establecer un lenguaje común entre las empresas, las administraciones y los gobiernos.

Una de las cuestiones que suscita debates y controversias en relación con la implantación global de la economía circular, es precisamente la necesidad de disponer de indicadores que permitan evaluar objetivamente los avances y resultados que se consiguen mediante la adopción de sus principios y fundamentos, en términos de eficiencia y de eficacia en el uso de los recursos. La demanda de sistemas de evaluación de los beneficios de la economía circular aumenta a medida que crece el interés por este modelo. No es fácil definir cuál o cuáles son los indicadores más apropiados para ello, y el reto más importante para las empresas radica en asumir el cambio de paradigmas implícitos en la adopción de nuevos modelos de gestión empresarial, generadores de impactos disruptivos si se les compara con los métodos tradicionales de evaluación utilizados en el modelo de economía lineal. Las empresas habituadas a medir indicadores generales de "uso", necesitan en el contexto circular cambiar dichos procedimientos por sistemas de medición de "valor" y de "impacto" de sus productos y actividades.

Teniendo en cuenta el carácter multisectorial y pluridisciplinar de la circularidad, para valorar estos aspectos se suelen adoptar de modo informal diferentes enfoques y fuentes de información, lo que dificulta la comparación de resultados. La economía circular se ve fragmentada a través de múltiples disciplinas, y por esta razón existen distintas perspectivas e interpretaciones del concepto, así como de los aspectos que requieren ser evaluados. Esta fragmentación puede incluso dar lugar a aproximaciones desiguales en relación con el cálculo de los impactos, lo cual dificulta también la comparación de resultados provenientes de fuentes dispersas. A su vez, se dispone actualmente de escasa información sobre los efectos indirectos de la circularidad sobre la economía, sobre la cadena de valor, sobre los cambios de patrones de conducta de los consumidores, así como sobre los efectos sociales y ambientales de los cambios generados durante la transición hacia este modelo.

La falta de una metodología de medición cuantitativa de los beneficios de la circularidad, un modelo que por definición es holístico y sistémico, dificulta la transición hacia su adopción, y obstaculiza el acceso a la financiación, la evaluación del riesgo crediticio y la posibilidad de modular y compartir proyectos e inversiones entre diferentes regiones y entornos mercantiles y monetarios. Para afrontar este problema, es necesario desarrollar un sistema de tipificación que defina las distintas categorías de actividades que contribuyen de modo sustancial a la circularidad, y que incluya parámetros específicos de evaluación para cada una de ellas.

Ninguna organización puede por sí misma establecer indicadores para valorar los beneficios de la transición hacia la economía circular. La economía circular es un modelo holístico y complejo, cuya base es la cadena de valor propia de cada una de las actividades que intervienen en su enfoque global. Para avanzar hacia la circularidad con objetivos de sostenibilidad, todas las organizaciones deben hablar el mismo lenguaje, independientemente de la posición específica de sus cadenas de valor, del sector donde operan, o de la dimensión de cada una de ellas. Es esencial disponer de un enfoque común y transversal para la medición y el monitoreo del funcionamiento de la circularidad. Solo por esta vía es posible que las cadenas de valor constituyan auténticos "ciclos" de valor que sean implementados sobre la base de protocolos y normas rigurosas, empleando las herramientas adecuadas con una visión compartida.

Disponer de indicadores idóneos para evaluar los resultados de la adopción del modelo circular es un requisito imprescindible para las administraciones y para las empresas a la hora de tomar decisiones. Para lograr que dichos indicadores constituyan una herramienta de evaluación eficaz, deben aportar información objetiva que permita "medir" los avances realizados durante la etapa de implantación, y facilitar datos estadísticos para el adecuado seguimiento, la toma de decisiones y el control de todo el proceso. Por otro lado, es necesario definir indicadores que permitan ser ajustados a las diferentes tipologías de recursos y modelos de producción susceptibles de ser evaluados, comparando los datos de los procedimientos empleados en la economía lineal tradicional, con las ventajas generadas por la adopción de modelos circulares.

El análisis comparativo debe centrarse de modo dinámico, enfocándolo a aquellos aspectos más susceptibles de generar ventajas a corto plazo, como es el caso de la gestión de los recursos naturales, del agua, de la energía, de los residuos y de los subproductos de las cadenas de producción. Para que adquieran mayor valor práctico, es aconsejable que las observaciones se hagan teniendo en cuenta la evolución del cambio hacia modelos de producción y consumo basados en la Industria 4.0 y en las tecnologías de última generación, tales como la digitalización, acompañadas de la adopción de estrategias de ecoinnovación y ecodiseño.

Los indicadores, que podrán o no tener carácter vinculante, deberán basarse en información de carácter técnico y legislativo, y ser de utilidad tanto para las empresas como para las administraciones, de modo que permitan medir los avances realizados, ajustar tendencias y mejorar su proyección a lo largo del tiempo. En el ámbito industrial, por ejemplo, se deberá tener en cuenta aspectos como la previsión de métodos para calcular las tasas de reciclaje, y el desarrollo de indicadores del "valor ambiental" de cada tipo de residuo. Con instrumentos de este tipo, junto con la adopción de nuevos modelos de producción, las empresas que adopten los principios circulares podrán comprobar el valor adicional de sus productos y servicios, medir el impacto ambiental de sus procesos, aumentar su eficiencia en el uso de recursos, y orientar sus decisiones y estrategias en materia de sostenibilidad.

Estudios efectuados por diferentes organizaciones proponen, como medida de evaluación de los resultados de la adopción de la circularidad, el llamado Indicador Material de Circularidad (MCI), enfocado al producto, y que tiene en cuenta la cantidad de materiales y componentes nuevos, reciclados y reutilizados que entran en el proceso productivo, el tiempo y la intensidad de utilización del producto, teniendo en cuenta su mantenimiento y reparación, el destino del producto y sus componentes después de su uso, y con qué nivel de eficiencia puede ser reciclado. Se basa en verificar si los flujos de materiales de un proceso son restaurativos, y si la empresa tiene en cuenta los impactos y los riesgos marginales asociados a su actividad. Además, considera los costes generados a lo largo de todo el ciclo de vida del producto, efectuando un balance entre estos costes y el valor añadido obtenible mediante su reutilización y el uso de sus componentes al final de su vida útil, incluyendo la valorización de dichos componentes mediante técnicas de recuperación y reciclaje.

La complejidad del cambio no facilita la evaluación de una determinada actividad. En principio, las empresas que deciden adoptar la circularidad desconocen los que deberían ser los nuevos sistemas de evaluación, ni cuentan con una visión en perspectiva que les permita basar sus observaciones en puntos de referencia concretos. La simple medición de las mejoras y de la optimización productiva no constituye un elemento válido para extraer conclusiones definitivas en cuanto a eficiencia o eficacia, aun cuando es probable que la evolución de las tecnologías digitales permitirá a corto plazo disponer del conjunto de datos estadísticos necesarios para analizar la información, establecer conclusiones objetivas, y formular estimaciones predictivas.

A la hora de evaluar los resultados de la adopción de los principios y fundamentos de la economía circular, es también útil tener en cuenta la observación de casos de éxito que hayan demostrado su eficacia en sectores diversos de actividad empresarial. Mediante la comparación con negocios similares, algunas empresas pueden disponer de información válida y extrapolable a su propia actividad para medir los beneficios de su propia estrategia circular, basándose en la experiencia de organizaciones que han asumido el desafío de la circularidad, y que han conseguido por esta vía avances sustanciales en la evaluación y confirmación de las ventajas de este modelo.

Ninguna herramienta de evaluación, sea cual sea el ámbito de su aplicación, es por sí misma capaz de medir el alcance del impacto de los cambios, sobre todo si éstos tienen carácter disruptivo y transgresor. La economía circular no es una excepción en este sentido, y requiere de cierto tiempo de evolución hasta que sea posible disponer de puntos de referencia objetivos para definir con visión realista el nivel de "éxito" del modelo.

Teniendo en cuenta el complejo escenario social y económico en que actualmente se enmarca la evolución de los acontecimientos, lo que sí aparece como fundamental es estimular la adopción transversal e integral de la circularidad, un modelo de producción y consumo que resulta indispensable para asegurar la sostenibilidad del mundo global.

PRODUCIR CONSERVANDO – CORSERVAR PRODUCIENDO

...Compartiendo responsablemente estos postulados de modo transversal, innovador y solidario

Se deberán aplicar las buenas prácticas de gestión contenidas en la definición conceptual de la "Economía Circular":

REDUCIR   REPENSAR
RECICLAR   REDISEÑAR
REHABILITAR   REFABRICAR
REPARAR   RECUPERAR
REDISTRIBUIR   REUTILIZAR
RESTAURAR   REFLEXIONAR

Las técnicas y procedimientos de gestión de recursos, incluidos como tales los residuos, se han de implantar aplicando criterios de Prevención y Sostenibilidad

8

INFORMACION SOBRE SOSTENIBILIDAD, CIRCULARIDAD Y SALUD AMBIENTAL

El auge de la digitalización permite que la información fluya en cantidad y velocidad tales que, si no es bien seleccionada y asimilada, genera confusión y desorientación en quienes la reciben.
Esta realidad da lugar a la desinformación, a la manipulación mediática y a la deformación de la publicidad, aspectos que quedan reflejados en el término coloquial "fake news".
Es necesario filtrar la información y asimilar solo lo útil y necesario, sobre todo a la hora de utilizar una fuente tan amplia y diversa como es Internet.

La Sostenibilidad del planeta, y por añadidura, el empleo de las herramientas que permiten alcanzarla, son fenómenos que empezaron a germinar y a divulgarse por el mundo hace relativamente poco tiempo, pero que evolucionan de modo vertiginoso. La difusión de estos conceptos como estrategia de acción en defensa de la tierra induce importantes cotas de aceptación por parte de la sociedad civil, a un ritmo que conduce a su acelerada implantación en un escenario globalizado cada vez más tecnificado.

La circularidad y la sostenibilidad son dos conceptos de carácter pluridisciplinar que implican la interrelación estrecha entre un sinnúmero de factores que se han de proyectar en sentido transversal, hecho que multiplica la cantidad y diversidad de información actualmente disponible sobre estas cuestiones.

Teniendo en cuenta esta realidad, el contenido de este libro no es producto de un trabajo de investigación académica, sino que es el resultado de una indagación de corte periodístico llevada a cabo con fines de análisis y divulgación. Es, en síntesis, producto de la selección, recopilación y análisis de la enorme cantidad de información sobre sostenibilidad, medio ambiente, economía circular y emergencia climática que transita a gran velocidad desde diversas fuentes y plataformas de opinión y debate.

El libro ha sido elaborado sobre la base del diálogo y del intercambio de opiniones mantenido por el autor con expertos, profesionales y representantes de numerosas entidades y empresas que destacan en el campo del medio ambiente, de la sostenibilidad y de la política, así como con personas del mundo mediático y del entorno social del universo contemporáneo. A ello se suma la experiencia acumulada por el autor durante su desempeño profesional en diversos ámbitos directa o indirectamente relacionados con el tema, divulgada y difundida a través de publicaciones en blogs, talleres, clases en entornos académicos, conferencias y otros foros de discusión.

Además, es necesario destacar que la redacción del libro ha sido realizada tomando como base el contexto europeo vigente durante el período previo a su publicación, el año 2019, hecho que condiciona el análisis de su contenido centrándolo en un espacio no solo dinámico, sino, al mismo tiempo, sujeto a la volatilidad y a los cambios que imponen tanto el rápido progreso tecnológico, como la evolución de los movimientos y tendencias políticas, económicas y sociales del actual contexto social y económico. No obstante, habida cuenta del ritmo evolutivo y del creciente interés que suscita en el mundo todo lo relativo la sostenibilidad, es fácil deducir que los argumentos expuestos en la obra, oportunamente adaptados a las circunstancias, podrán, en plazos relativamente breves, hacerse extensivos y adaptables a la realidad de cualquier rincón del planeta.

Quienes deseen ampliar sus conocimientos sobre Sostenibilidad y Economía Circular podrán consultar, además de otras fuentes de interés, la información contenida en los enlaces web recomendados al final del libro, material que en parte ha servido también de orientación para estructurar el contenido de su texto. Pero se ha de tener en cuenta que, al ritmo acelerado con el que evoluciona el mundo global, así como el debate que suscita la discusión sobre estas materias, dichas fuentes deberán ser actualizadas y complementadas con otras que aparezcan como resultado de dicha evolución.

Esta observación ha de hacerse extensiva a los datos estadísticos reseñados de modo puntual a lo largo del libro. Estas acotaciones han sido incluidas con el único propósito de invitar al análisis de las tendencias que señalan hacia dónde es necesario dirigir la acción para forjar un futuro verdaderamente sostenible. Además de provenir de fuentes diversas, éste tipo de información es susceptible de ser interpretado desde diferentes puntos de vista, y de acuerdo a criterios que pueden llegar a ser contradictorios, lo cual envuelve el riesgo de distorsionar su valor como información sobre un tema específico. Teniendo en cuenta esta realidad, la información estadística reseñada en el documento ha sido expuesta con el único objetivo de suministrar indicadores de tipo general, y como tal, debe ser considerada solamente como orientativa, sujeta a ser contrastada y confirmada a lo largo del tiempo según los escenarios dentro de cuyo marco sea analizada.

Sobre "circularidad", los interesados pueden consultar el libro "Economía Circular y Sostenibilidad", publicado por el mismo autor en 2017.

INVITACIÓN A LA REFLEXIÓN

Forjar un futuro sostenible no es tarea fácil. La Tierra se encuentra en alerta roja, prisionera en un entorno confuso e inestable que no deja espacio para el ejercicio de la imprudencia, la irresponsabilidad, la indiferencia y la negación de las evidencias.
Es urgente reorientar los modelos de comportamiento de la sociedad, antes de que el súbito surgimiento de situaciones críticas e inesperadas obligue a reaccionar de forma apremiante.
A menudo se tiene la falsa impresión de que todo va bien, pero todo queda en nada si no se actúa con responsabilidad, esfuerzo y sentido previsor.
Nada puede ir bien si las ideas, las promesas, los compromisos y las buenas intenciones se pierden por el camino...

Puse punto final a la revisión y compaginación del texto de este libro a mediados de marzo de 2020, cuando comenzó a hacer estragos mundiales la pandemia del COVID-19. Este lamentable episodio me condujo a reflexionar sobre algunas curiosas analogías existentes entre las causas y los efectos de este lamentable fenómeno, y algunos de los postulados que plasmé a lo largo del largo período que invertí en la redacción del documento. Pero lo que me decidió a incluir este último apartado en el texto, fue un hecho absolutamente fortuito: la llegada a mis manos del soberbio artículo publicado por la sicóloga italiana Francesca Morelli, cuyo texto íntegro transcribo a continuación:

> *"Creo que el universo tiene su manera de devolver el equilibrio a las cosas según sus propias leyes, cuando estas se ven alteradas. Los tiempos que estamos viviendo, llenos de paradojas, dan que pensar...*
>
> *En una era en la que el cambio climático está llegando a niveles preocupantes por los desastres naturales que se están sucediendo, a China en primer lugar, y a otros tantos países a continuación, se les obliga al bloqueo; la economía se colapsa, pero la contaminación baja de manera considerable. La calidad del aire que respiramos mejora, usamos mascarillas, pero no obstante seguimos respirando...*

En un momento histórico en el que ciertas políticas e ideologías discriminatorias, con fuertes reclamos a un pasado vergonzoso, están resurgiendo en todo el mundo, aparece un virus que nos hace experimentar que, en un abrir y cerrar de ojos, podemos convertirnos en los discriminados, aquéllos a los que no se les permite cruzar la frontera, aquéllos que transmiten enfermedades. Aun no teniendo ninguna culpa, aun siendo de raza blanca, occidentales y con todo tipo de lujos económicos a nuestro alcance.

En una sociedad que se basa en la productividad y el consumo, en la que todos corremos 14 horas al día persiguiendo no se sabe muy bien qué, sin descanso, sin pausa, de repente se nos impone un parón forzado. Quietecitos, en casa, día tras día. A contar las horas de un tiempo al que le hemos perdido el valor, si acaso éste no se mide en retribución de algún tipo o en dinero. ¿Acaso sabemos todavía cómo usar nuestro tiempo sin un fin específico?

En una época en la que la crianza de los hijos, por razones mayores, se delega a menudo a otras figuras e instituciones, el Coronavirus obliga a cerrar escuelas y nos fuerza a buscar soluciones alternativas, a volver a poner a papá y mamá junto a los propios hijos. Nos obliga a volver a ser familia.

En una dimensión en la que las relaciones interpersonales, la comunicación, la socialización, se realizan en el (no)espacio virtual de las redes sociales, dándonos la falsa ilusión de cercanía, este virus nos quita la verdadera cercanía, la real: que nadie se toque, se bese, se abrace, todo se debe de hacer a distancia, en la frialdad de la ausencia de contacto. ¿Cuánto hemos dado por descontado estos gestos y su significado?

En una fase social en la que pensar en uno mismo se ha vuelto la norma, este virus nos manda un mensaje claro: la única manera de salir de ésta es hacer piña, hacer resurgir en nosotros el sentimiento de ayuda al prójimo, de pertenencia a un colectivo, de ser parte de algo mayor sobre lo que ser responsables y que ello a su vez se responsabilice para con nosotros. La corresponsabilidad: sentir que de tus acciones depende la suerte de los que te rodean, y que tú dependes de ellos.

Dejemos de buscar culpables o de preguntarnos por qué ha pasado esto, y empecemos a pensar en qué podemos aprender de todo ello. Todos tenemos mucho sobre lo que reflexionar y esforzarnos. Con el universo y sus leyes parece que la humanidad ya esté bastante en deuda y que nos lo esté viniendo a explicar esta epidemia, a caro precio".

Estoy plenamente de acuerdo con lo que expresa Morelli en un escrito que describe con total dramatismo la situación de confusión, desaliento y desorientación en que se encuentra inmersa la humanidad, y que confirma la carencia de voluntad constructiva que ha caracterizado al comportamiento del ser humano a lo largo de décadas de indolencia, de descuido, y de falta de perspectiva previsora.

No quiero pecar de fatalista, ni de pesimista, pero tampoco me inclino a apostar con excesivo optimismo en relación con las diferentes opciones que nos pueden sacar del caos y conducirnos hacia un futuro sostenible. Pero sí deseo recalcar, dado el marco en que se desarrolla el mundo global, que, si no reflexionamos con sentido realista sobre nuestro porvenir y el de las generaciones venideras, será difícil alcanzar la estabilidad de un planeta que en estos momentos está afectado por una enfermedad que alcanza niveles alarmantes, y que pone en riesgo el aseguramiento del hábitat de vida sólido que merece el ser humano.

Hacen falta importantes dosis de serena reflexión, y también de sinceros actos de humildad, solidaridad, compromiso y sentido de responsabilidad, si queremos forjar todos juntos un futuro estable, seguro y acogedor. Debemos asumir lo que reza el "slogan" acuñado con ocasión de la primera Cumbre de la Tierra de Naciones Unidas, realizada en Estocolmo el año 1972: "Si no eres parte de la Solución eres parte del Problema".

Han pasado casi cincuenta años desde aquel evento, y no solo no hemos avanzado hacia el logro de la sostenibilidad, sino que estamos en una situación que ha ido y sigue yendo cada vez más a peor.

Seamos sensatos, y no volvamos a tropezar con las mismas piedras...

Mauricio Espaliat Canu
Barcelona, marzo de 2020

ENLACES WEB RECOMENDADOS

Comisión Europea
https://ec.europa.eu/commission/index_en

Fundación Ellen MacArthur
http://www.ellenmacarthurfoundation.org

Fundación COTEC para la Innovación
http://cotec.es

Catedra UNESCO de Sostenibilidad
http://www.unescosost.org

Capítulo español del Club de Roma
http://www.clubderoma.net

Fundación Empresa & Clima
http://www.empresaclima.org

Fundación Forum Ambiental
htpp://www.forumambiental.org

Fundación para la Economía Circular
http://economiacircular.org

Laboratorio Ecoinnovación
http://www.laboratorioecoinnovación.com

Eco Circular
http://eco-circular.com

FAO (Food and Agriculture Organization)
http://www.fao.org/home/es/

Greenpeace
https://es.greenpeace.org/es/

RESEÑA BIOGRAFICA DEL AUTOR

MAURICIO ESPALIAT CANU es Ingeniero Superior Agrónomo por la Universidad de Chile, formación que ha complementado en paralelo a su desempeño profesional con diversos estudios, cursos y seminarios de especialización relacionados con el ámbito de la empresa.

El escenario de su trabajo ha sido el de la organización, dirección y gestión empresarial en sus diferentes facetas, donde ha desempeñado actividades ejecutivas de responsabilidad, a menudo con proyección internacional, en los sectores agroindustrial, servicios y consultoría. También ha actuado como impulsor destacado de proyectos de diseño, promoción, organización y asesoramiento de empresas en diferentes áreas de actividad.

El ejercicio de su labor le ha mantenido vinculado con diversas áreas del mundo de la empresa, en las cuales ha alternado sus funciones ejecutivas en disciplinas de dirección y planificación estratégica, con su participación directa en el desarrollo de iniciativas y proyectos en el terreno de la actividad privada.

Su trayectoria profesional se ha visto especialmente influenciada por su interés y compromiso con temas relacionados con el medio ambiente y la sostenibilidad, y con la influencia de éstos en la evolución de la sociedad, de la economía, del mundo en general, y de la empresa en particular. Este aspecto ha contribuido en importante medida a perfilar su vocación de liderazgo y su estilo de trabajo.

espaliat@telefonica.net
www.linkedin.com/in/mauricio-espaliat-canu-a1959614
@EspaliatCanu

www.ingramcontent.com/pod-product-compliance
Lightning Source LLC
Chambersburg PA
CBHW071349210526
45465CB00001B/32